大切だけど、だれも教えてくれない

メール77のルール

文章力の基本

藤田 英時

Eiji Fujita

日本実業出版社

はじめに

　メールは今やビジネスに欠かせません。そのメールに対して、読者のみなさんには次のような疑問や不安、悩みはありませんか？

- どのくらいていねいな書き方が適切か？
- 書き出しと結びはどう書いたらいいか？
- メールを送ったが、相手はちゃんと読んでいるのか？
- メールは夜遅く送っても失礼にならないのか？
- 返信のとき件名は「Re: ○○○」でいいのか？
- 返信でメッセージの全文を引用したほうがいいのか？
- 返信の催促はどんなタイミングと書き方がいいのか？
- 「ＣＣ」と「ＢＣＣ」の意味や使い方は？
- 内容を本文に書くか、添付ファイルに書くか？
- 添付ファイルのサイズはどれくらいが適当か？
- 署名はどういうものが好ましいのか？

　現代では、ビジネスのコミュニケーションツールはメールが中心です。それなのに、メールの作法や書き方には、手紙や電話のような明確なルールがありません。個人が自分なりのルールで判断しているのが現状です。読者のみなさんもそうでしょうし、みなさんがメールをやりとりしている相手もそうだと思います。だからこそ、上記のような疑問や不安、悩みが出てくるのです。

　また、メールを受け取る際に、次のような困った経験はありませんか？

- 「お知らせ」など件名が抽象的すぎる
- 件名がいつまでも「Re: ○○○」のまま
- メールの返事がなかなかこない
- 本文に改行がなく読みづらい
- 「ＣＣ」の多用で関係のないメールが増えた
- 「ＣＣ」で自分のアドレスがバラまかれた
- 大量のデータをこちらの了解なく送信してくる
- 「開封確認要求」をつけて送信してくる
- 近くの席にいるのに社内メールだけで用事を済ませる

　こうした疑問、不安、悩み、困ったことはスッキリと解消したいものです。そこで本書では、仕事でやりとりする「メール」について「大切だけど、だれも教えてくれない 77 のルール」として、豊富な文例とともに説明しています。さらに付録には「よく使うメールのひな型集」と「よく使うメールのフレーズ集」もあります。

　これらは、本書のための特別アンケート調査結果などと、私のメール歴 20 数年の経験と、送受信した膨大な数のメールを参考にして、私なりにまとめたものです。「メールの文章力・発信力・返信力」を身につける実践的なヒントが満載です。

　本書により、読者のみなさんがメールで効果的なコミュニケーションができるようになれば、著者としてこれ以上の喜びはありません。

2010 年 4 月　　　　　　　　　　　　　　　　　　　藤田　英時

CONTENTS

はじめに・・・・・1

第1章 [これだけは知っておきたい メール文章の基本]

- rule 01 視点を「私」から「あなた」に変える・・・・・・10
- rule 02 メールは「1往復半」で終わると効率的・・・・・・12
- rule 03 返信は24時間以内にする・・・・・・14
- rule 04 件名はひと目で内容が伝わるように・・・・・・16
- rule 05 用件が2つあるなら件名も2項目書く・・・・・・19
- rule 06 返信メールで件名は変更しない・・・・・・20
- rule 07 件名は内容が変わるならつけ直す・・・・・・22
- rule 08 送信者名は「フルネーム＋会社名」で書く・・・・・・23
- rule 09 「宛名→挨拶→本文→結び→署名」の構成を守る・・・・・・24
- rule 10 正しい宛名は「社名＋部署名＋フルネーム＋様」・・・・・25
- rule 11 書き出しには必ず「あいさつ」を入れる・・・・・・27
- rule 12 前置きでメールの目的や理由を伝える・・・・・・29
- rule 13 本文は「結論 → 理由 → 詳細」の順に書く・・・・・・31
- rule 14 最後は「結び」できちんと締める・・・・・・32
- rule 15 署名は、標準的なものとシンプルなものを使い分ける・・35
- rule 16 効率的な引用でわかりやすく返事を書く・・・・・・38
- rule 17 書いたメールは「送信トレイ」に置いて確認する・・・・・42

第1章のまとめ ・・・・・43
COLUMN 1 ・・・・・44

第2章　書く前に必要な準備がある

- rule 18　メールの目的と結果をはっきりさせる ・・・・・・・・・ 46
- rule 19　よく書くメールは「ひな型」をつくっておく ・・・・・・ 47
- rule 20　メールに不適切な言葉を使わない ・・・・・・・・・・・ 50
- rule 21　メールと電話・対面を上手に使い分ける ・・・・・・・・ 52
- rule 22　ＣＣメールの本文には第三者の名前も書くと親切 ・・・・ 55
- rule 23　住所変更などの一斉送信は必ずＢＣＣを使う ・・・・・・ 58
- rule 24　内容を、本文に書くか、添付ファイルにするかを決める ・ 60
- rule 25　添付していいファイルと添付すべきでないファイル ・・・ 63
- rule 26　添付ファイルは形式を明記する ・・・・・・・・・・・・ 65
- rule 27　添付ファイルの概要を本文に書く ・・・・・・・・・・・ 67
- rule 28　添付ファイルの容量は２Ｍバイト以下に ・・・・・・・・ 68

第2章のまとめ ・・・・・ 71

COLUMN 2 ・・・・・ 72

第3章　メールだからこそ、短くわかりやすく書く

- rule 29　文章ではなく「箇条書き」を原則とする ・・・・・・・・ 76
- rule 30　内容は「箇条書き」をもとにしてまとめる ・・・・・・・ 78
- rule 31　質問は相手が答えやすいように「箇条書き」で ・・・・・ 80
- rule 32　「明日」や「来週」などではなく「日時」を明記する ・・ 82
- rule 33　「一文一義」で短く書く ・・・・・・・・・・・・・・・ 84
- rule 34　一番伝えたいことは「一文」で表わす ・・・・・・・・・ 86
- rule 35　相手を納得させるときも「一文」で理由を述べる ・・・・ 87
- rule 36　簡単な用件なら１行だけで済ませてもいい ・・・・・・・ 88

rule	37	主語・主体を明確に書く ・・・・・・・・・・・・・・・・・・・・・・ 89
rule	38	事実と意見をはっきり分けて書く ・・・・・・・・・・・・・・・ 91
rule	39	自分の意見には根拠を具体的に示す ・・・・・・・・・・・・・ 92
rule	40	複数の要素や要点を対比させる ・・・・・・・・・・・・・・・・・ 93
rule	41	余計なことは書かない ・・・・・・・・・・・・・・・・・・・・・・・・ 94

第3章のまとめ ・・・・・ 95

COLUMN 3 ・・・・・ 96

第4章 [言いにくいことを上手に伝えるコツ]

rule	42	言いにくいことこそ、すぐに誠意をもって伝える ・・・・・ 98
rule	43	大事なメールは受け取り確認を依頼する ・・・・・・・・・・・ 99
rule	44	返事の催促では「相手の逃げ道」を用意する ・・・・・・ 100
rule	45	こちらの都合による依頼は低姿勢で伝える ・・・・・・・・ 102
rule	46	無理な依頼を断るときは相手の立場で ・・・・・・・・・・・ 104
rule	47	誘いを断るには、カドが立たないやわらかい表現で ・・ 106
rule	48	相手の間違いはストレートに指摘しない ・・・・・・・・・・ 108
rule	49	謝罪のメールでは「原因と対策」を明確に ・・・・・・・・ 109
rule	50	苦情のメールを送る場合は、冷静に客観的に ・・・・・・ 111
rule	51	苦情には相手が納得する理由と対応策を書く ・・・・・・ 113
rule	52	トラブルの報告は状況と解決策を適切に伝える ・・・・・ 115
rule	53	仕事が遅れている報告は、理由と対策を明確に書く ・・ 117
rule	54	間違いが発覚したときは「正誤」を示す ・・・・・・・・・・・ 118

第4章のまとめ ・・・・・ 119

COLUMN 4 ・・・・・ 120

第5章 ［ワンランク上の ていねいなメールの書き方］

- rule 55　気をつかう相手にはさらにていねいに ………… 122
- rule 56　回答期限はていねいに伝える ………… 124
- rule 57　短いメールでもていねいな表現を ………… 125
- rule 58　今日中に結論が出せなくても「確認」のメールは送る ・ 127
- rule 59　「お世話になっております」だけでは芸がない …… 128
- rule 60　お願いの前には必ず「恐縮」すべし ………… 130
- rule 61　初めてのメールは「信用第一」で ………… 132
- rule 62　敬語は正しく使えないと意味がない ………… 136
- rule 63　目上の人に「了解」は不適切 ………… 142
- rule 64　「させていただきます」は「いたします」に直す …… 143
- rule 65　「〜したく」の使い方をマスターする ………… 145
- rule 66　深夜などにメールを送る場合は、十分配慮をもって ・・ 146
- rule 67　メールの転送の際には経緯や目的を伝える ………… 148

第5章のまとめ ….. 150
COLUMN 5 ….. 151

第6章 ［見やすい表記と レイアウトを心がける］

- rule 68　1行は25文字くらいが適当 ………… 154
- rule 69　1つのブロックは2〜5行としブロック間は1行空ける ・ 155
- rule 70　要点が複数ある場合は、見出しをつける ………… 156
- rule 71　箇条書きと字下げを活用する ………… 158
- rule 72　漢字をあまり多く使わない ………… 159
- rule 73　記号や罫線を使って見やすくする ………… 160

rule	74	ケータイとのやりとりは書き方に注意	162
rule	75	ビジネスのメールでは HTML 形式は避ける	164
rule	76	機種依存文字にも気をつける	165
rule	77	海外への送信は文字コードに注意する	166

第6章のまとめ ･････ 167
COLUMN 6 ･････ 168

付録1 [よく使うメールのひな型集]

お礼のメール ････････････････････････････････････ 170
送付案内のメール ･･････････････････････････････････ 171
催促のメール ････････････････････････････････････ 172
日程変更の依頼のメール ･････････････････････････････ 173
会議開催の連絡のメール ･････････････････････････････ 174
日時変更の通知のメール ･････････････････････････････ 175
報告のメール1（会議）･･･････････････････････････････ 176
報告のメール2（進捗の遅れ）･･･････････････････････････ 177
報告のメール3（トラブル）･････････････････････････････ 178
仕事の指示のメール ････････････････････････････････ 179
セミナー開催の案内メール ･･･････････････････････････ 180
異動・転勤のあいさつメール ･････････････････････････ 181
退職のあいさつメール ･･････････････････････････････ 182
昇進・栄転のお祝いメール ･･･････････････････････････ 183
歓迎会・送別会・忘年会の案内メール ････････････････････ 184
納期遅延・品違い・不良品のお詫びのメール ･････････････････ 185
問い合わせのメール ････････････････････････････････ 186

断りのメール・・・・・・・・・・・・・・・・・・・・・・・・・・・・・・・・・・ 187
年末のあいさつメール ・・・・・・・・・・・・・・・・・・・・・・・・・ 188
メールの冒頭に書く季節のフレーズ・・・・・・・・・・・・・・ 189

付録2 ［よく使うメールのフレーズ集］

書き出しのフレーズ・・・・・・・・・・・・・・・・・・・・・・・・・・・・ 192
返答のフレーズ ・・・・・・・・・・・・・・・・・・・・・・・・・・・・・・・ 192
連絡・案内・相談・質問のフレーズ・・・・・・・・・・・・・・・ 192
確認・検討・打診・依頼・催促のフレーズ・・・・・・・・・ 192
承諾・辞退のフレーズ ・・・・・・・・・・・・・・・・・・・・・・・・・ 193
感謝のフレーズ ・・・・・・・・・・・・・・・・・・・・・・・・・・・・・・・ 193
お詫びのフレーズ・・・・・・・・・・・・・・・・・・・・・・・・・・・・・ 193
返信不要のフレーズ ・・・・・・・・・・・・・・・・・・・・・・・・・・・ 194
結びのフレーズ ・・・・・・・・・・・・・・・・・・・・・・・・・・・・・・・ 194

おわりに・・・・・ 195

カバーデザイン◎井上新八
イラスト◎福々ちえ
本文デザインDTP◎ムーブ（新田由起子、徳永裕美）

第 **1** 章

これだけは知っておきたいメール文章の基本

rule 01 [視点を「私」から「あなた」に変える]

あらゆるメールを書くうえでの基本は、相手の視点に立って書くことです。すると相手に負担をかけないでスラスラ読めるメールになり、あなたの好感度と信頼度が上がります。相手は迅速な行動をとり、仕事がうまく運ぶことでしょう。

書くという行為は自己中心的で一方的になりやすい傾向があります。そのため、主観的や感情的なメールになったりします。逆に、妙に遠慮がちになったりもします。

視点を「私」から「あなた」に変えてメールを書くと、次のようなメッセージがきちんと伝わるメールになります。

- ▷ 自己中心的でない
- ▷ 感情的でない
- ▷ 遠慮がちでない
- ▷ 相手に負担をかけない
- ▷ ていねい
- ▷ わかりやすい
- ▷ 読みやすい
- ▷ 返事が早い

相手のことを考えると、次のような自分勝手な表現を避けることができます。

悪い▶	こちらにも都合がありますので、至急ご返事ください。

↓

良い▶	ご多用のところ恐縮ですが、至急ご返事いただければ幸いです。

　相手のことを思って書くと、遠慮はしなくとも、次のように提案や要望をきちんと伝えることもできるのです。

> 勝手を言って申し訳ありません。午前中は社内会議がありますので、お打ち合わせの時間は午後1時以降にしていただければと思います。

　メール全体の書き方でも、相手に負担をかけないようにすると、要点が明確になり、わかりやすくなります。適当なところで改行したり、空白を設けると、読みやすくなります。

　あなたがメールを送ってから数日経っても相手から返事がないと心配になるでしょう。相手も同じ気持ちです。それならば、メールで何か情報を受け取ったら、すぐに確認のメールを送ったほうがいいと思うはずです。
　質問などにすぐに回答できなければ、質問を受け取ったことだけでもすぐに返信し、回答日を知らせたほうがいいと感じるはずです。
　いつも相手への尊敬の念をもって書くようにする。それがメール上達の一番の方法です。

rule 02 メールは「1往復半」で終わると効率的

> メールの効率の良いやりとりは、こちらからメールを出す、相手から返事がくる、それに対して返事をして終わるという形です。「自分 → 相手 → 自分」という「1往復半」を心がけましょう。

打ち合わせの日時を決める場合を考えてみましょう。

①**自分**	この点について打ち合わせしたいと思います。
②**相手**	打ち合わせの日時はどうしましょう？
③**自分**	それでは14日か15日はいかがですか？
④**相手**	あいにく14日と15日は都合がつきません。

これでは決定するのに何度もメールのやりとりをしなければなりません。次のように書くと「1往復半」で終わり、効率的です。

①**自分**	打ち合わせの日時ですが、次にいくつか候補をあげます。ご都合の良い日時をお知らせいただければ幸いです。 -------- ・9月14日（火）　午前10時から ・9月15日（水）　午後 2時から ・9月17日（金）　午後 3時から --------

| ②相手 | それでは次の時間でお願いいたします。
> ・9月17日（金）　午後　3時から

| ③自分 | さっそくのご返事ありがとうございました。
> それでは次の時間でお願いいたします。
>> ・9月17日（金）　午後　3時から
承知しました。午後3時にお待ちしております。

　相手から打ち合わせの提案があった場合にも、同じように1往復半を心がけましょう。

| ①相手 | 来週の都合の良い時間をお知らせください。

| ②自分 | 次の候補のうちでしたら、いつでもかまいません。

・9月14日（火）　午前10時から
・9月15日（水）　午後　2時から
・9月17日（金）　午後　3時から

ご都合の良い日時で決定していただいて結構です。

| ③相手 | それでは下記の日時でお願いいたします。
> ・9月17日（金）　午後　3時から

　「ご都合の良い日時で決定していただいて結構です。」というように書いておくと、相手から返信がきた段階で日時が決まります。

rule 03 ［返信は24時間以内にする］

> メールを受け取ったら24時間以内に返信するように心がけましょう。素早い行動は「仕事が早い、仕事ができる」という評価につながります。信頼度も上がります。返信が遅いと相手は心配したり、邪推（じゃすい）や不信感を抱いたりするものです。また、トラブルを招くこともあります。

たいていの人はメールを出した後、1日くらいなら待てます。しかし、2日や3日経っても返事がこなければ不安を感じるものです。相手にネガティブな感情を抱かせないように、遅くとも24時間以内に返信する習慣をつけましょう。

とくに次のような場合は24時間以内と言わず、早めに返信したいものです。

▷ 重要な内容を伝えられた
▷ こちらが依頼した情報を受け取った
▷ 資料などを添付ファイルで受け取った

例▷ 資料を受け取りました。ありがとうございました。
添付ファイルは問題なく開いて見ることができました。
まずは、受け取り確認のみにて失礼します。

メールを受け取ってから、検討や決定するのに日数がかかる場合があります。数日が経ってからでは遅すぎますので、とりあえず次のような返事を出しておきましょう。

例▷ お世話になっております。
メールを拝見いたしました。
この件につきましては社内で検討いたします。
今週末の12日（金）までにはご回答いたします。

メールを読んだことだけでも伝えたい場合は、次のように書くといいでしょう。

例▷ メールありがとうございました。
この件（詳細）については、あらためてご返事いたします。
（または　進展などがありましたら、またご連絡いたします。）

rule 04 [件名はひと目で内容が伝わるように]

　ビジネスのメールで最も工夫したいのが件名です。メールを開かなくても、件名で内容がすぐにわかるように具体的に書くことが大切です。すぐに読んでアクションを起こしてもらえるように、**件名でもしっかりとアピールしましょう**。

最悪▶▶ お願い
　　▶▶ 先日のお礼
　　▶▶ 打ち合わせの件

　これらは最悪の例です。内容がまったくわかりませんし、迷惑メールと間違われかねません。ひと目で内容が伝わる件名をつけるには、「何の件」「いつの件」「自分がしたいこと」「相手に求めていること」などを具体的に表現することです。

悪い▶ 議事録をお送りします
　　　　　↓
良い▶ 販促会議（10月26日）の議事録をお送りします

　お互いがわかるキーワードや固有名詞、日時や数字などを努めて入れるようにしましょう。相手はピンときます。

- 新製品販促の内容
  ⬇
- 新製品販促の内容についてのご相談

　こちらが相談や報告をしたい場合は「ご相談」「ご報告」を、相手に確認してもらいたいなら「ご確認」などをつけ加えましょう。また、件名があまり長いとわかりづらくなります。

- ビジネスメールの作法に関する2010年度のアンケート調査の結果をお知らせします
  ⬇
- 【お知らせ】ビジネスメール作法の調査結果（2010年度）

　このように件名の頭に【お知らせ】がついているとよくわかるものです。なお、【重要】や【至急】とつけた件名を見かけますが、迷惑メールによくあるので、次のように書くといいでしょう。

- 【重要事項】新規プロジェクトの費用概算
- 【至急ご確認】製作スケジュールの変更箇所

　それでは冒頭の最悪の件名は、どう書けばいいでしょう。

- お見積書（4月15日付け）ご確認のお願い
- 先日の講習会ご参加のお礼
- プレゼン資料作成の打ち合わせの日時

最初の例のように「〜ご確認のお願い」など、相手にしてほしいことを意識して件名を書くのも効果的です。

　添付ファイルを送る場合など、だれから来たものかを明確にしたい場合は、件名の最後に送信者の名前を追加します。

> 普通▶ ご依頼のお見積書をお送りします
> 　　　　　　　　　　　⬇
> 良い▶ ご依頼のお見積書をお送りします（日実商事・田中）

　最初から具体的な件名が思いつかない場合は、本文を書いた後に、その内容を的確に表わす件名をつけるといいでしょう。それを何度か繰り返すと、メールの内容を的確に表現した件名が書けるようになります。

rule 05 [用件が2つあるなら件名も2項目書く]

　メールは1通につき1つの用件を書くのが原則ですが、用件が2つある場合は、件名も2項目書くと内容がはっきりします。さらに、こちらも相手も、後でメールを参照したり、検索したりするときに便利です。

悪い▶ 2回目のプレゼン資料作成他

⬇

良い▶ 2回目のプレゼン資料作成+打ち合わせ日時

　プレゼンテーションの資料作成に関して2つの用件がある場合の例です。件名を2項目書くには+（プラス記号）でつなぐとわかりやすいでしょう。

▶ 請求書などのお願い

⬇

▶ 【お願い】請求書作成と契約書送付

　2つの項目を「と」でつなぐのもいいでしょう。2つの用件がある場合に「～など」と書くと内容がすぐに相手に伝わらないのでやめましょう。なお、用件を2項目書く場合は、以上の例のように互いに関連のあるものに限ります。まったく関係のないもの同士では2つのメールに分けるべきです。

rule 06 返信メールで件名は変更しない

　メールの返事を書こうとして「返信」ボタンをクリックすると、件名の頭に「Re:（リー）」がつきます。これは返信の意味なので、件名はそのままにしておきます。相手の社名と名前が書いてあっても変更・削除してはいけません。

例▷ Re: 販促プランの打ち合わせの件
例▷ Re: プレゼン資料をお送りします（日実商事・田中）

　何度もメールのやりとりをして、内容が変わらなければ、そのままの件名にします。同じ件名のメールが何通にもなる場合は、末尾に番号をつけると見返すときなどに区別がついて便利です。

▷ Re: プレゼン資料作成の打ち合わせ（2）
　 Re: プレゼン資料作成の打ち合わせ（3）

　また、内容が追加されるなら、次のように（　）内に補足するとわかりやすくなります。

例▷ Re: プレゼン資料をお送りします　➡
　　 Re: プレゼン資料をお送りします（再送）
　　 Re: プレゼン資料をお送りします（追伸）
　　 Re: プレゼン資料をお送りします（改良版）

例▷　Re: ネット教育のご相談　➡
　　　Re: ネット教育のご相談（企画案）

　ただし、同じ件名のメールがまとまる「スレッド」表示の場合は、件名はそのままで。

　「Re:」とは、ラテン語からきた言葉で「〜について、〜に関して」という意味です。英語のビジネス文書やファックスでは、次のように返事でなくても使われています。

▷　Re: Travel expenses　➡　←返事ではない
和訳　出張費に関して　　　　　最初からこう書く

　「Re:」は Reply（返事）、Response（返答）などの単語の略でもありません。しかし、Reply などと勘違いされて、メールでは返信の意味になりました。

　ちなみに、メールを「転送」すると件名の頭につく「Fw:」や「Fwd：」は英語「Forward（フォワード：転送する）」の略です。

rule 07 [件名は内容が変わるならつけ直す]

　メールのやりとりが続くうちに内容が変われば、その時点で「Re:」を取って件名をつけ直しましょう。件名と内容はつねに一致させておくことが、メールでの伝達の基本です。また、内容の検索・整理にも役立ちます。

```
悪い ▶ 自分 │ 新製品の販促プラン
     相手 │ Re: 新製品の販促プラン
     自分 │ Re: 新製品の販促プラン ┐
     相手 │ Re: 新製品の販促プラン ┘ ← 内容が変わっても
                                    同じ件名が続く
              ↓
良い ▶ 自分 │ 新製品の販促プラン
     相手 │ Re: 新製品の販促プラン  ← 販促プランのやりとり
     自分 │ Re: 新製品の販促プラン
             ・・・・・・・・・
     自分 │ 新製品の販促実施予定  ← 実施予定に変わった場合
```

　「会社名+名前」の件名を使い続ける人や、以前のメールを利用して内容は新しいのに件名はもとのままにしている人がいます。こうしたメールの返信時には、内容に合った件名に書き換えましょう。

▶ 相手 │ Re: ネット教育のご相談 ➡
▶ 自分 │ ネット教育企画の打ち合わせ日時

rule 08 送信者名は「フルネーム+会社名」で書く

送信者名はメールの差出人を示す重要な情報です。「どこのだれか」がひと目でわかるように「フルネーム+会社名」で書きます。

悪い▶	k-inoue@○○○○.co.jp　←メールアドレスで表示
	井上　←名字だけを漢字で表示
	健治　←名前だけを漢字で表示
	Inoue　←名字だけをローマ字で表記
	Kenji　←名前だけをローマ字で表記
	Ken　←通称をローマ字で表記
普通▶	井上健治　または　Kenji Inoue
良い▶	井上健治（日実商事）

　悪い例は、だれからのメールかがわかりにくく、迷惑メールと間違われやすくなります。普通の例は、フルネームを漢字またはローマ字で書いており、これが一般的ですが「所属」がわかりません。
　ローマ字のフルネームは外資系の会社に多く見られますが、相手が日本人の場合は漢字表記にするか、件名の最後に「会社名+フルネーム」を入れておくと、ひと目でわかるので親切です。

▶ 記念パーティーご参加のお礼（日実商事・井上健治）

rule 09 [「宛名→あいさつ→本文→結び→署名」の構成を守る]

ビジネスのメールには決まったパターンがあります。「宛名→あいさつ→本文→結び→署名」の構成です。これを守り、各部分の書き方を知れば、好感を持たれるメールが書けるようになります。

```
日実商事
第1営業部      ←宛名
田中一郎様


お世話になっております。     ←あいさつ
メディアツール企画部の進藤です。   ←自分の社名と名前


新製品の販促に関する資料をお送りいただき   ←本文
ありがとうございました。
さっそく販促プランを検討いたします。


まずは、受け取りの確認とお礼まで。    ←結び
==========================================
進藤和夫　< kazuo-shindo@mediatool.co.jp >
株式会社メディアツール 企画部                    ←署名
　〒160-0023 東京都新宿区西新宿〇-〇-〇
　電話 (03) 6868-〇〇〇〇　FAX (03) 6868-××××
==========================================
```

rule 10 正しい宛名は「社名+部署名+フルネーム+様」

> ビジネスのメールでは1行目に必ず宛名を書きます。相手は自分宛てということが確認できます。宛名がないと間違ったメールや迷惑メールと思われてしまいます。

相手の名前はフルネームのほうがていねいな印象を与えます。敬称は「様」が一般的です。「さま」とひらがなで書くとやわらかい感じがします。親しくなったら、部署は省いて「田中さん」「佐藤さん」のように「さん」づけにする場合もあります。

例▷
| ▷ 日実商事
第1営業部
田中一郎様 | ▷ 日実商事
第1営業部
田中一郎さま | ▷ 日実商事
田中さん |

「社長」「部長」「課長」などの役職名は敬称なので、「課長様」と書くのは間違いです。「社名+役職名+氏名+様」が基本です。「校長」「理事長」「委員長」なども同様に使います。教師や教員、医者、弁護士、政治家などは「先生」で、「氏名+先生」とします。

| 誤▶ 日実商事
第1営業部
島田昭夫課長様 | ➡ | 正▶ 日実商事
第1営業部
課長 島田昭雄様 |

第1章 これだけは知っておきたい メール文章の基本

団体宛で個人名が不明な場合には「御中」をつけます。個人名を書く場合はつけません。

誤▶ 日実商事御中　　**正▶** 日実商事
　　　　第1営業部　　　　　　第1営業部御中

同じメールを複数の人に送る場合は「各位」を使います。「各位殿」や「各位様」とは書きません。ニュースリリースなどを報道機関に送る場合は「報道関係各位」とします。

誤▶ 各位殿　➡　**正▶** 各位

誤▶ 関係各位様　➡　**正▶** 関係各位

代表アドレスに送る場合は、どの部署やどの担当者に宛てたものかを明示します。

例▷ 三井企画株式会社
　　　経理部御中

例▷ あけぼのブックス
　　　ビジネス書御担当者 様

rule 11 [書き出しには必ず「あいさつ」を入れる]

　宛名を書いた後に、あいさつを忘れないようにしましょう。メールでは、手紙のような形式ばったあいさつではなく、簡単で親しみやすいもので十分です。

- ▷ お世話になっております。　←最も一般的
- ▷ はじめまして。　←初めてメールを出す場合
- ▷ いつも大変お世話になっております。　←ていねい
- ▷ こんにちは。　←親しい場合
- ▷ おひさしぶりです。　←連絡が空いた場合
- ▷ ごぶさたしております。　←同上
- ▷ 最近はいかがですか？　←近況を聞く場合
- ▷ おはようございます。　←朝に読むとわかっている場合
- ▷ お疲れさまです。　←社内や親しい場合
- ▷ たびたび失礼します。　←1日に何度もメールする場合
- ▷ 何度もすみません。　←同上
- ▷ さきほどの追加情報です。　←すぐに追加して送る場合
- ▷ 追伸です。　←同上

　最も一般的なあいさつが「お世話になっております。」です。親しい場合や連絡が空いた場合など、メールを出す相手、状況によって使い分けましょう。

第1章　これだけは知っておきたい　メール文章の基本

「おはようございます。」などは適当ではないとされていますが、相手が朝に読むとわかっている場合は、自然です。社内では「お疲れ様（さま）です。」がよく使われていますが、社外でも親しい場合は使っていることが多いようです。

差出人を見れば、だれからきたメールかわかりますが、あいさつの後に社名と自分の名前を名乗るのがマナーです。しかし、何度もやりとりが続いた後は名乗らなくてもいいでしょう。また、ひさしぶりにメールを出す場合は、名乗ったほうがいいでしょう。

> 例▷ いつもお世話になっております。
> 日実商事の田中です。

顧客からの質問にメールで答える場合は、きちんと社名と氏名を名乗ることです。相手に責任を持って回答している印象を与えます。また、相手もさらに質問がある場合は、宛名を書くことができます。

> 例▷ いつもご愛顧いただき誠にありがとうございます。
> 太陽証券の鈴木恵子です。
> ご質問にお答えいたします。

rule 12 [前置きで
メールの目的や理由を伝える]

> 本題に入る前に「メールの目的や理由」を一文で伝えましょう。相手はメールの概要をすぐにつかめるので、本文の内容がスムーズに頭に入っていきます。

悪い▶ 先日、営業会議が開かれ、貴社のご提案に関していろいろと意見が出ました。内容と時期の点ではこれといった問題はありませんでしたが、価格の点で賛否が分かれ（省略）

⬇

良い▶ 貴社のご提案について弊社の検討結果をお知らせいたします。先日の営業会議にて、次のような結論に達しました。
・内容と時期は問題ありません。（省略）

悪い例のように、メールの冒頭から長い文章が続くと、相手はどのような意図のメールかがよくわかりません。良い例のように、前置きでメールの目的を一文で伝えるとはっきりします。他にも一文で伝える例をあげましょう。

▷ 新製品の販売促進の件で、ご相談があります。
▷ 新規プロジェクトについて、ご提案いたします。
▷ お見積書の内容に関して、ご説明いたします。
▷ さきほどの補足説明です。
▷ さきほどのメールの追伸です。

メールの目的を簡潔に伝えた後、確実に早めに相手から返事をもらいたい場合は、次のようにその旨を伝えます。

> 例▷　ご多用のところ恐縮ですが、ご返事をいただければ幸いです。
> 例▷　お手数ですが、折り返しご返事をいただきたくお願い申し上げます。
> 例▷　それでは、ご回答をお待ちしております。

　これで相手はメールの概要がわかり、本文の内容がスラスラと頭に入ってくるようになります。また、このメールを読んで、どのような対応をすれば良いかがわかります。「読むだけでいい」「検討して返事が必要だ」ということを考えて読めるからです。

rule 13 本文は「結論 → 理由 → 詳細」の順に書く

> ビジネスのメールは、まず結論から先に述べることが重要です。状況や理由から書くと、要点が早く正確に伝わらないからです。「結論 → 理由 → 詳細」の順に書くと、すっきり明確になります。

たとえば、「異業種交流会への参加の誘い」がきたとして、その返事の書き方を考えてみましょう。

悪い▶
当日の午前中は社内での会議、午後は得意先でのプレゼンが控えております。夕方以降も社に戻って残業しなければなりません。都合がつきそうにありませんので、今回は参加することができません。

良い▶
今回は残念ながら参加することができません。 ←結論
仕事がつまっており都合がつかないためです。 ←理由
申し訳ございません。
当日の午前中は社内での会議、午後は得意先 ←詳細
でのプレゼンが控えております。夕方以降も
社に戻って残業しなければなりません。

結論は「相手が最も知りたいこと」を意識して書く習慣をつけましょう。

rule 14 　最後は「結び」で きちんと締める

　メールの最初にあいさつをしたら、最後も「結び」のあいさつなどで締めることが大切です。「結び」がないとメールが中途半端で終わっているようで、相手にぶっきらぼうな感じを与えます。

- よろしくお願いいたします。
- どうぞよろしくお願いいたします。
- 以上、よろしくお願いいたします。
- 今後とも、どうかよろしくお願いいたします。

　最も一般的なのが「よろしくお願いいたします」ですが、先頭に「どうぞ」などをつけるなどのバリエーションがあります。

　相手に期待することがある場合は、次のように相手にしてもらいたいことを書くと、効果的な結びになります。

■返事を期待
- ご返事をお待ちしております。
- お手数ですが、ご返事をいただければ幸いです。
- それでは、ご回答をお待ちしております。
- ご多用のところ恐縮ですが、ご返答いただければ幸いです。

■**検討を期待**
▷ ご検討のほど、よろしくお願い申し上げます。
▷ ご検討のうえ、ご返事いただけますようお願いいたします。
▷ ご意見、ご感想をいただければ幸いです。

■**連絡を期待**
▷ お手数ですが、ご確認いただき何かミスなどがありましたらご連絡いただけますでしょうか？
▷ ご不明な点がありましたら、お問い合わせください。

なお、前置きで相手にしてもらいたいことを書いた場合は、結びは「よろしくお願いいたします」などにとどめましょう。くどくなってしまうからです。次のような簡単なあいさつでも結構です。

▷ それでは、失礼いたします。

相手にとりあえず知らせておきたい、伝えておきたい場合は、「取り急ぎ」がよく使われますが、忙しくあわてている感じがします。忙しい中でメールを書かせてしまったという気持ちを相手に抱かせます。このような場合、「まずは」を使うほうがいいでしょう。

普通▶	取り急ぎ、ご案内（報告）まで。
	↓
良い▶	まずは、ご案内（報告）まで。

▶ 取り急ぎ、用件のみにて失礼いたします。
  ⬇
▶ まずは、用件のみにて失礼いたします。

　お礼を言う場合は、「取り急ぎ」は不適切です。とりあえずお礼のメールを書いた、という印象を与えます。

▶ 取り急ぎ、お礼まで。
  ⬇
▶ まずは、お礼申し上げます。

　メールを読んだ後に返信したらいいのか、返信しなくてもいいのか迷うことがあるでしょう。とくに返信を期待しない場合は、相手に迷わせてはいけません。次のように、はっきりと伝えましょう。

▷ なお、ご返信は不要です。
▷ ご確認いただければ、ご返事は無用です。
▷ とくに問題がなければ、ご返信にはおよびません。
▷ 何か不都合がありましたら、お知らせください。

rule 15 [署名は、標準的なものと
シンプルなものを使い分ける]

メールの末尾には必ず署名をつけます。自分が書いた証明になり、メールの終わりを示し、連絡先を知らせるという役割があります。相手によって名前、勤務先、住所、電話番号などを含めた標準的なものとシンプルなものを使い分けるといいでしょう。

■ **標準的な署名**

例▷
```
=================================================
進藤和夫（しんどう・かずお）
株式会社メディアツール 企画部
〒160-0023 東京都新宿区西新宿〇-〇-〇
電話（03）6868-〇〇〇〇　FAX（03）6868-××××
URL：http://www.mediatool.co.jp
メール：kazuo-shindo@mediatool.co.jp
=================================================
```

署名は自分のフルネームと勤務先の連絡先を過不足なく入れたものが標準的で、一番好まれます。なぜなら相手が電話連絡や資料などを郵送するときに、名刺を探さずにすぐにわかるからです。名前の読み方が難しい場合は「ひらがな」もつけておきましょう。相手があなたに何かを送付するケースを想定すると、郵便番号もあると親切です。また、緊急時の連絡用として携帯電話の番号を入れてお

くのもいいでしょう。ただし、あまり長い署名は冗長な印象を与えますので気をつけましょう。

■長い署名

例▷
```
☆☆☆☆☆☆☆☆☆☆☆☆☆☆☆☆☆☆☆☆☆☆☆☆
進藤和夫（しんどう・かずお）
*************************
株式会社メディアツール
企画部
*************************
住所　　：〒160-0023 東京都新宿区西新宿〇－〇－〇
電話　　：(03) 6868-〇〇〇〇
FAX　　 ：(03) 6868-××××
会社案内：http://www.mediatool.co.jp
メール　：kazuo-shindo@mediatool.co.jp
携帯　　：k-shindo@〇〇〇〇.ne.jp


++++++++++++++++++++++++++++++++++++++
当社はネットビジネスの強い味方です！
詳しくは当社のウェブで！！
++++++++++++++++++++++++++++++++++++++


●私のモットー：
　お客様がいつもご満足いただけますように
　日々努力しております。
☆☆☆☆☆☆☆☆☆☆☆☆☆☆☆☆☆☆☆☆☆☆☆☆
```

署名は標準的なものだけでなくシンプルなものも用意しましょう。社外向けと社内向けの2つあると便利です。

■シンプルな署名（社外向け）

```
==========================================
進藤和夫 < kazuo-shindo@mediatool.co.jp >
メディアツール 企画部
電話 (03)6868-○○○○　FAX (03)6868-××××
==========================================
```

■シンプルな署名（社内向け）

```
==========================================
進藤和夫 < kazuo-shindo@mediatool.co.jp >
企画部　内線1234
==========================================
```

　社外や社内の何度もメールをやりとりする相手には、シンプルな署名のほうが適しています。

　また、外部向けの署名でもメールの全文を引用するやりとりが続く場合は、2回目以降からシンプルな署名を使うとすっきりします。

　左記のように自社製品の宣伝やキャッチフレーズなどを入れた署名を見かけますが、好まない人が多いようです。

　『日経パソコン2009年6/22号』（日経BP社）のアンケートによれば、「勤務先の宣伝も記載した署名が適切」と答えた人はわずか4パーセントでした（COLUMN 1参照）。

rule 16 ［効率的な引用で わかりやすく返事を書く］

メールの返事を書く際に、元のメッセージを引用するとわかりやすくなります。全文引用と部分引用を使い分けると、効率的に伝わります。

■全文引用の場合

全文引用は、企画案など互いに相談してつくりあげていく過程を残したい場合や決定した進行スケジュールなどを確認する場合に有効です。

> **例▷自分**　（前文 省略）
> 販促プランの進行スケジュールをお送りいただき
> ありがとうございました。
>
> 以下のスケジュールを確認しました。
> それで進めてください。よろしくお願いいたします。
> （署名 省略）
>
> ----- Original Message -----
> From: xxxxxx.xxx
> To:　 xxxxxx.xxx
> （元のメッセージの引用）　　　←全文引用

たび重なるやりとりで引用部分が長くなり、見にくくなることがあります。内容によっては、重要なポイントだけを残して他はカットしてもかまいません。カットした部分は、これまでの経緯として箇条書きで補足するのもいいでしょう。

■部分引用の場合

質問に対しては、質問部分を引用してその下に答えを書くのが有効です。

部分引用（質問の答え）

①**相手** 表紙のカバー見本ができあがりました。
画像ファイル（jpg）を添付します。

A案とB案のどちらがいいでしょうか？

---

②**自分** 表紙のカバー見本をお送りいただき
ありがとうございました。

＞ A案とB案のどちらがいいでしょうか？　←部分引用
B案のほうがいいと思います。

対話をしている感じがしてわかりやすくなり、相手は自分がどんな質問をしたかも確認でき、その答えを読むことができます。

このような「部分引用」に抵抗がある人もいるかもしれません。「全文引用」したほうが記録に残って良いという人もいます。その場合は、全文を引用をした後に、質問部分だけをコピーして、その

下に答えを書くという方法も有効です。

相手①	お世話になっております。 表紙のカバー見本ができあがりました。 画像ファイル（jpeg）を添付します。 A案とB案のどちらがよろしいでしょうか？ ご検討ください。 （署名 省略）
自分②	表紙のカバー見本をお送りいただき ありがとうございました。 ＞ A案とB案のどちらがよろしいでしょうか？　←質問部分をコピー ＞ ご検討ください。 B案のほうがいいと思います。　←質問の下に返事を書く （署名 省略） ----- Original Message ----- ＞ お世話になっております。 ＞ ＞ 表紙のカバー見本ができあがりました。 ＞ 画像ファイル（jpeg）を添付します。　←全文引用 ＞ ＞ A案とB案のどちらがよろしいでしょうか？

> ご検討ください。

　引用文は変更しないのが原則です。元のメッセージに間違いがあった場合は、そのまま引用して確認するようにしましょう。

■**部分引用（間違いの確認）**

> 19日（木）の14時ではいかがでしょうか？
> 19日（金）の14時ですね。承知しました。

rule 17 [書いたメールは「送信トレイ」に置いて確認する]

　メールを書き終わってもすぐには送信せずに、いったん「送信トレイ」に置いて読み返しましょう。送信後に間違いがあったら取り返しがつきません。少しの見直し作業があなたの身を助けるのです。

　「送信トレイ」に置くと、相手が読むのと同じように表示されます。それを見ながらとくに次の点をチェックしましょう。

▷ 誤字や脱字はないか？
▷ 要点を明確に伝えているか？
▷ 読みやすく、わかりやすいか？
▷ 変なところで改行されていないか？
▷ 書き忘れたことはないか？
▷ 添付ファイルはつけているか？

　かな漢字変換での誤変換はつきものなので注意しましょう。とくに相手の氏名を間違えると大変です。変換が難しい氏名は、相手のメールの署名からコピーして貼りつけると安心です。
　なお、「Windows Live メール」や「Outlook Express」などで「送信トレイ」に置くには、次の設定をします。

① 「ツール」→「オプション」→「送信」タブをクリックする
② 「□メールを直ちに送信する」のチェックをはずす

第1章のまとめ

　メール文章の基本によって、用件がわかりやすく伝わる、きちんとしたメールを書くことができます。次の点をチェックしましょう。

- □ 相手の視点で書いているか？
- □ 「1往復半」で効率よく終わらせているか？
- □ 24時間以内に返信しているか？
- □ 件名はひと目でわかるか？
- □ 件名は正しくつけているか？
- □ 送信者名は「フルネーム＋会社名」か？
- □ 宛名は「社名＋部署名＋フルネーム＋様」か？
- □ 社名や氏名は間違えていないか？
- □ 書き出しのあいさつはあるか？
- □ 自分の名前を名乗っているか？
- □ 前置きでメールの目的や理由を伝えているか？
- □ 本文は「結論 → 理由 → 詳細」の順に書いているか？
- □ 最後はきちんと「結び」で締めているか？
- □ 署名はうまく使い分けているか？
- □ 引用のしかたは適切か？
- □ 送信前にメール全体を見直しているか？

COLUMN 1

目上の人などには表示名に「様」をつける？

　メールを受け取ったら、「送信者：藤田英時　宛先：佐藤栄一」のように送り手と受け手の名前が表示されます。この宛先の表示名は、社外の人に対しては「宛先：佐藤栄一様」と「様」をつけたほうがいいのでしょうか？　みなさんはどのようにしていますか？

　私の大学の先輩で保険の仕事に携わるT氏は、ビジネスの相手には「様」、後輩には「君」をつけています。私に送るときは「藤田英時君」です。

　『日経パソコン　2009年6/22号』（日経BP社）のアンケート調査によると、「様」をつけるという人が6割強もいます。同社は2009年5月21日から6月1日までウェブ上でインターネット調査を行ない、有効回答数1103人を得ました。そのうち、「様」をつけると答えた人は61.7％で、差出人の表記をそのまま利用すると答えた人は33.8％でした。

　社外の人にはすべて「様」をつけるのは新しい常識なのでしょうか。私は社外の人ならだれにでも「様」をつけるのがいいとは思いません。そこで、次のようにしてはどうでしょう。

- 「様」をつけるのは、初めてメールを送る人、目上の人、あまり親しくない人
- 初めてメールを送る場合は、宛先に直接メールアドレスを入れるのも手
- 日頃よくメールをやりとりしている相手なら、相手の表記をそのままを利用する

第**2**章

書く前に必要な準備がある

rule 18
メールの目的と結果を はっきりさせる

> ビジネスのメールには明確な目的があります。報告をするのか、相談をするのか、依頼をするのかなどをはっきりさせましょう。それに対して、どのような結果や効果が得られるかも考えることで、より的確なメールを書くことができます。

つねに「自分がどうしたいのか」「相手にどうしてほしいのか」を考えると、「その結果がどうなるのか」も自然とわかってきます。メールを書くときに重要な次の点が、はっきりと見えてきます。

- ▷ 的確な件名
- ▷ 適切な宛先
- ▷ CCは必要か、BCCを使うか
- ▷ 本題に入る前の目的や理由の説明
- ▷ メールに盛り込む内容（項目）をもれなく書いているか
- ▷ 返信ならば、相手の要求を満たしているか
- ▷ 1つのメールにまとめるか、複数のメールに分けるか
- ▷ 内容を本文に書くか、添付ファイルにするか
- ▷ メールだけで済ませていいか
- ▷ メールした後、電話や対面でフォローするか（重要事項の確認や回答は電話や対面のほうが確実）

rule 19 ［よく書くメールは「ひな型」をつくっておく］

打ち合わせの日時を決めるメールなど、よく書くメールはあらかじめ「ひな型」をつくっておくと便利です。きちんとした内容のメールを素早く簡単に書くことができます。

ここでは、「送付案内」「受け取り確認」「日程打診」のひな型を紹介します（その他は付録1「よく使うメールのひな型集」参照）。

■送付案内のメール（添付ファイルをつける場合）

> **件名：**○○○をお送りいたします（○○○送付のご案内）
>
> お世話になっております。
>
> さて、○○○ができあがりましたので添付ファイルで
> お送りいたします。Word文書です。
>
> 問題なく開けますでしょうか？　ご確認ください。
> もし何か問題がありましたら、お知らせください。
> よろしくお願いいたします。

添付ファイルの送付案内メールでは、ファイルの形式を明記しておくと親切です。

第2章　書く前に必要な準備がある

■受け取り確認のメール

件名：○○○を受け取りました（○○○受け取りのお知らせ）

お世話になっております。

○○○をお送りいただきありがとうございました。
さきほど、確かに受け取りました。
（または　本日、間違いなく受領いたしました。）
（または　本日、確かに拝受いたしました。）
（または　この○○○をもとに、□□プランを検討いたします。）
（または　のちほど、じっくり拝読して感想などをお伝えします。）

まずは、お礼かたがたご報告申し上げます。

　重要な情報や資料などを受け取ったときの確認のメールです。相手を安心させるために、早めに送りましょう。
　「受領(じゅりょう)」は「受け取り収める」という意味です。「拝受(はいじゅ)」は「つつしんで受けること」「ありがたくちょうだいすること」という意味です。

■日程打診のメール

件名：○○○（打ち合わせ）のお願い

お世話になっております。

○○○の件で、お目にかかってお話をおうかがいできれば
（打ち合わせができれば）と思います。

こちらの都合で申し訳ありませんが、次のいずれかは
いかがでしょうか？

- ○月○日（△）午前□時から
- ○月○日（△）午後□時から
- ○月○日（△）午後□時から

ご都合の良い日時をお知らせください。
折り返し、確認のメールをお送りいたします。

　打ち合わせなどの日程を決めるメールでは、最初のメールから候補を3つくらいあげるといいでしょう。そうすると、何度もメールをやりとりすることがなく効率的です。

第2章　書く前に必要な準備がある

rule 20 [メールに不適切な言葉を使わない]

　メールの文章は口語体でカジュアルになりがちです。しかし、話しているような言葉づかいは感心しません。ビジネスのメールでは、不適切な言葉を使わないようにしましょう。

悪い▶	返事は、なるはやでお願いします。
悪い▶	ご回答は、なるべく早くお願いします。
	⬇
良い▶	10日（金）までにご回答いただければ幸いです。

　「なるはや」は厳禁です。「なるべく早く」もあいまいなので、期限を示すことが大切です。

▶ 金額はざっくりとどれくらいになりますか？

⬇

▶ おおまかな数字でかまいませんが、どれくらいの金額になりますか？

　「ざっくり」はいただけません。せめて「おおまかな」にしましょう。

▶ その日はちょっと用事があるんでパスさせてください。　➡
▶ その日はあいにく都合により出席できません。

「ちょっと用事」は他に「あいにく先約があり」「他に用事があり」「せっかくですが都合により」と書くといいでしょう。「パス」はやめて、「出席できません」などとします。

▶ 日程変更の件、OKです。　➡
▶ 日程変更の件、問題ありません。

　「OK」は不適切です。「問題ありません」の代わりに、「了解しました」「承知しました」「確認しました」も使えます。

▶ この点を確認してもらえますか？　➡
▶ この点をご確認いただけますか？

　「もらえる」はぞんざいな印象を与えます。

▶ 場所は弊社でよろしかったでしょうか？　➡
▶ 場所は弊社でよろしいでしょうか？

　この場合、まだ何もしていないうちから「よろしかったでしょうか？」と過去形を使うのは変です。また、押しつけがましい感じがします。「よろしいでしょうか？」が適切です。

▶ 別の方法があるじゃないですか。　➡
▶ 別の方法があります。

　「あるじゃないですか」は社会人としてみっともない言い方です。

rule 21 [メールと電話・対面を上手に使い分ける]

　メールは便利なので何事にも頼りがちですが、重要なことを伝える場合はメールだけでは不十分です。電話や口頭で確認したり、了承を得たりしましょう。そうして確実にコミュニケーションをとることで、行き違いなどのトラブルを防ぐことができるのです。

■取引先への重要案件はメール＋電話で

普通▶	ご提案の内容をお読みください。　　　←メールのみ

⬇

良い▶	ご提案の内容につきまして、わかりにくい箇所があるかと思います。本日（5日）の午後にお電話でご説明いたします。　　　←メール 「ご提案の件で補足したいのですが」　←電話で補足

　重要案件をメールだけで済ませてはいけません。後で電話をかけて内容を補足するなり、相手の質問に答えるようにしましょう。

普通▶	打ち合わせ日時の変更のお知らせです。　←メールのみ

⬇

良い▶	打ち合わせ日時の変更のお知らせです。　←メール 「打ち合わせの日時が変更になりましたが、　←電話で補足 　ご確認いただけましたでしょうか？」

■取引先への至急の用件なら電話で

悪い▶	至急、以下の点をご確認ください。	←メールのみ
	⬇	
良い▶	「至急、ご確認いただきたいことがありますのでお電話いたしました」	←電話

　急を要する件は、メールでは相手にすぐに伝わるか不安です。メールを書く時間も惜しまれます。迷わず直接、電話で話しましょう。

■職場で近くにいる人との連絡はメール＋口頭で

悪い▶	プレゼン資料の作成状況です。	←メールのみ
	⬇	
良い▶	プレゼン資料の作成状況です。	←メール
	「課長、プレゼン資料の状況をメールでお伝えしましたが、少し説明いたします」	←口頭で補足

　職場の上司や同僚などに重要な案件や相談事を伝える場合は、メールを送ったうえで口頭でも連絡します。メールで記録に残り、口頭で補足することで相手に確実に伝わります。

■ミスの報告はメールでは禁物

最悪▶▶	ご報告したいことがございます。	←メールのみ
	⬇	

| 良い▶ | 「今お時間よろしいでしょうか？　←対面 ご報告したいことがございます」 |

　仕事上でミスを起こしたら、すぐに上司に対面で報告しましょう。ミスをしたときこそ、直接のコミュニケーションが重要です。メールでの報告は絶対してはなりません。言いにくいことほど早く対面で伝えることです。

　また、小さなミスだと勝手に判断して放置したり、上司に怒られるのが恐いので隠しておくのは絶対にやめましょう。大きな問題に発展することもあります。上司に相談すれば、早めに手を打ってミスを最小限にとどめることができ、早期の修復が可能になります。

■ 遅刻や休みの連絡は電話で

| 悪い▶ | 本日は風邪で休ませていだだきます。　←メールのみ |
| 良い▶ | 「課長、今日は風邪で体調が悪いので　←電話 すみませんが休ませていただきます」 |

すみませんが休ませていただきます

メールだとすぐに見られるかわからないので

rule 22
［CCメールの本文には第三者の名前も書くと親切］

第2章 書く前に必要な準備がある

> CCはメールを第三者に参考として一緒に送る場合に使います。メールを書く前に、他のだれに送ったらいいかを考えましょう。メールの本文に宛名を書く場合、宛先とCCの両方の名前を書くと親切です。CC欄を確認しなくても、ひと目でだれにCCが送られているかがわかります。また、CCの相手に確実に目を通してもらえます。

■CCを送る場合

```
宛先：青木順様  ←取引先のアドレス
 CC：島田昭夫（メディアツール）; ←課長のアドレス
    小川健治（メディアツール）←主任のアドレス
件名：プレゼン資料作成の打ち合わせのお願い
```

普通▶ 日実商事
　　　青木順様
　　　　↓
良い▶ 日実商事
　　　青木順様　CC：メディアツール 島田課長；田中主任

　相手は、この打ち合わせに島田課長と田中主任も関わっていることがすぐにわかります。

「ＣＣ」はCarbon Copy（カーボン紙コピー）の意味で、メインとなる宛先以外の人にメールのコピーを送ることです。昔、英文タイプライターで文書を打ったときにオリジナルの下にカーボン紙と白紙を置いて複写をし、第三者に送ったことに由来します。

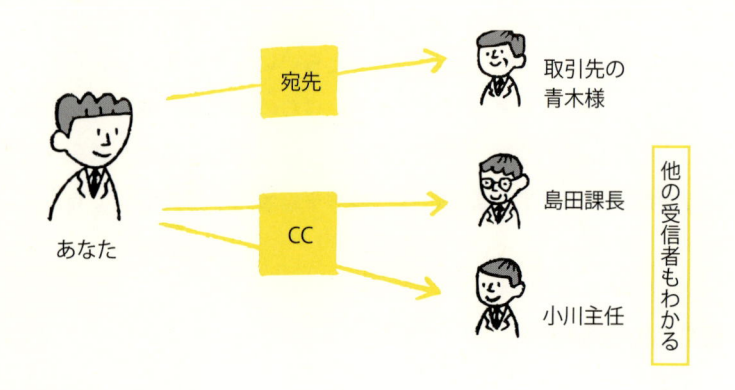

あなた → 宛先 → 取引先の青木様

あなた → CC → 島田課長／小川主任　他の受信者もわかる

■ＣＣの利用例

▶ **宛先**：鈴木太郎様　←幹事のアドレス
　CC：佐藤昭司；田中健治；藤原みどり　←他者のアドレス
　件名：18日の飲み会に参加します

　飲み会、懇親会、同窓会などで、出席・欠席など自分の予定を知らせる場合、幹事をメインの宛先として指定し、他のメンバーにもＣＣで知らせます。幹事は出欠のチェックができ、他のメンバーはこの人は出席するのかしないのかがわかります。

宛先 → 幹事の鈴木さん

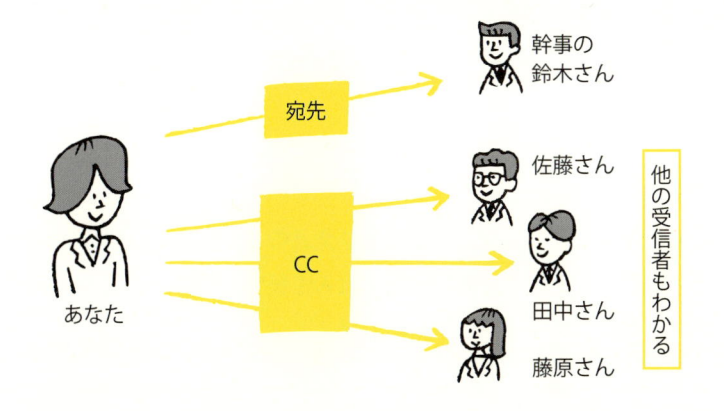

CC → 佐藤さん、田中さん、藤原さん

あなた

他の受信者もわかる

■CCメールを受け取ったら

　メインの宛先でなく、CC欄に自分のアドレスが書かれていれば、読むだけで返事は不要です。しかし、内容は把握しておく必要があります。また、意見や感想を伝えたいなど状況によっては返事をしたほうがいい場合もあります。

　CC欄にアドレスがあるメールを受け取ったら、基本的に「全員へ返信」で返事を出します。このとき送信者のみへの「返信」だけだと、他の人たちに返事の内容が伝わらないことになるからです。

rule 23
住所変更などの一斉送信は必ずBCCを使う

「住所変更のお知らせ」などのメールを複数の人に一斉に送信する場合には注意が必要です。受信者全員のメールアドレスが表示されないようにBCCを使います。個人情報である個々のメールアドレスを勝手にばらまかないためです。

悪い▶ **宛先**：佐藤昭司；松本幸二；藤原みどり；・・・
　　　CC：
　　　件名：【住所変更のお知らせ】（田中健治）

悪い▶ **宛先**：佐藤昭司
　　　CC：松本幸二；藤原みどり；・・・
　　　件名：【住所変更のお知らせ】（田中健治）

これらの例では、受信者はこのメールは他のだれ（どのアドレス）に送られたかがわかってしまいます。

良い▶ **宛先**：田中健治
　　　CC：
　　　BCC：佐藤昭司；松本幸二；藤原みどり；・・・
　　　件名：【住所変更のお知らせ】（田中健治）

宛先には自分のアドレスを入れて、全員のアドレスはBCC欄に

入れます。こうすれば、受信者はあなたのアドレスしかわかりませんし、他にだれが受け取ったかもわかりません。

「ＢＣＣ」は Blind Carbon Copy（隠しカーボン紙コピー）の意味で、送り先のアドレスが隠されています。

宛名には「皆様へ」や「各位」などと書きます。冒頭か最後に「これはＢＣＣで、一斉にお送りしております。」と書き添えるのもいいでしょう。

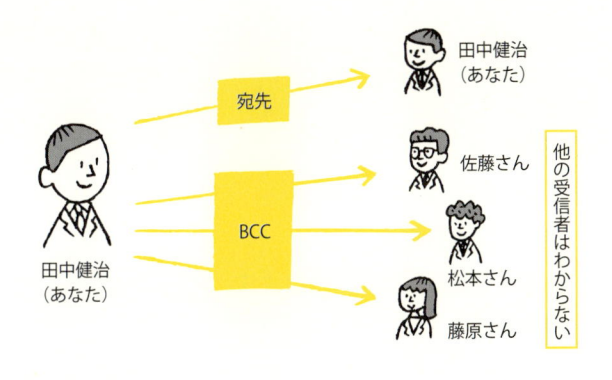

■ 住所変更のメール

```
皆様へ

その後、お元気のことと思います。
これはＢＣＣで、皆様に一斉にお送りしております。

さて、このたび転勤により、住所が変わりましたので
お知らせいたします。新住所は次のとおりです。
（以下、省略）
```

rule 24 ［内容を、本文に書くか、添付ファイルにするかを決める］

　ある程度長めの内容を伝える場合、目安としてディスプレイ3画面程度なら本文に書き、それ以上なら添付ファイルにすると決めておきましょう。また、3画面以内に収まるものでも、企画書、提案書、見積書、計画書、スケジュール表、アンケート結果、スピーチ原稿など、独立した内容のものは必ず添付ファイルにします。

■提案書の例

悪い▶ **本文中に長い提案**

次のようにご提案申し上げます。
●商品のコンセプトづくり
　コンセプトについては、商品の特長を考え〇〇
　〇〇〇〇〇〇〇〇〇〇〇〇〇〇〇〇〇〇〇
　〇〇〇〇〇〇〇〇〇〇〇〇〇〇〇〇〇〇〇
●商品のターゲット確定
　ターゲットとしては、社会人3年目くらいで〇
　〇〇〇〇〇〇〇〇〇〇〇〇〇〇〇〇〇〇〇
　〇〇〇〇〇〇〇〇〇〇〇〇〇〇〇〇〇〇〇
●商品のプロモーション案
　プロモーションは、主にウェブ上の口コミで〇
　〇〇〇〇〇〇〇〇〇〇〇〇〇〇〇〇〇〇〇
　〇〇〇〇〇〇〇〇〇〇〇〇〇〇〇〇〇〇〇

> **良い▶** **添付ファイルにした場合**
>
> ご提案書を添付ファイルでお送りいたします。
>
> 次の3点についてご提案しております。
>
> ・商品のコンセプト作り
> ・商品のターゲット確定
> ・商品のプロモーション案
>
> 詳しいことは添付のWord文書をご覧ください。

■スピーチ原稿の例

> **悪い▶** **本文中にスピーチの原稿**
>
> スピーチの原稿を書きましたので、お送りいたします。
>
> --
> ただいまご紹介にあずかりました○○でございます。
> 僭越ではございますが、ご指名でございますので、
> ひと言お祝いの言葉を述べさせていただきます。
> ○○○○○○○○○○○○○○○○○○○○○○
> ○○○○○○○○○○○○○○○○○○○○○○
> --
>
> お読みいただき、改善していただければ幸いです。
>
> ↓

良い ▶ **添付ファイルにした場合**

スピーチの原稿を添付ファイルでお送りいたします。
Word文書です。
お手数ですが、お読みいただき改善していただければ幸いです。

　相手が加筆・修正・利用するものは必ず添付ファイルにします。メール本文に書くと、加筆・修正によりレイアウトが壊れて、それを手直しするのに大変だからです。また、相手が返信するときに、やたらと長い引用になり、そのまま残すか、削除するかなど判断を悩ませることになります。

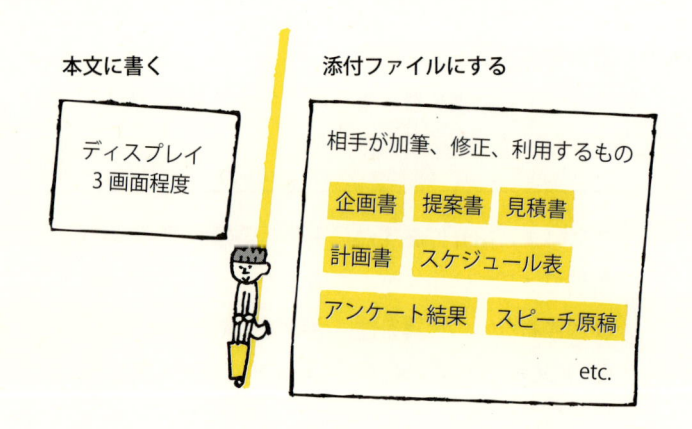

本文に書く

ディスプレイ
3画面程度

添付ファイルにする

相手が加筆、修正、利用するもの

企画書　提案書　見積書
計画書　スケジュール表
アンケート結果　スピーチ原稿
　　　　　　　　　　etc.

rule 25 # 添付していいファイルと添付すべきでないファイル

第2章 書く前に必要な準備がある

ファイルの中にもメールに添付していいものと添付すべきでないものがあります。データファイルはまったくかまいませんが、プログラムファイルなどは問題があるので控えましょう。

■添付していい主なファイル

- ▷ テキストファイル（.txt）
- ▷ Wordの文書（.doc .docx）
- ▷ Excelの表（.xls .xlsx）
- ▷ PowerPointのファイル（.ppt .pptx）
- ▷ 一太郎の文書（.jsd）
- ▷ PDFファイル（.pdf）
- ▷ 画像ファイル（.jpg .bmp）
- ▷ 音声ファイル（.mp3 .wma）
- ▷ 圧縮ファイル（.zip）

●添付していいファイルのアイコン例

企画書.doc　国内旅行.jpg　ショパン.mp3　英語資料.txt　売上実績.xlsx

データファイル、とくにWord、Excel、PDF、画像（.jpg）のファイルは相手が問題なく開けるので大丈夫です。

■添付してはいけない主なファイル

- ▶ プログラムファイル（.com　.exe　.bat など）
- ▶ ショートカット（.lnk）
- ▶ ウェブページのリンク（.url）

●添付してはいけないファイルのアイコン例

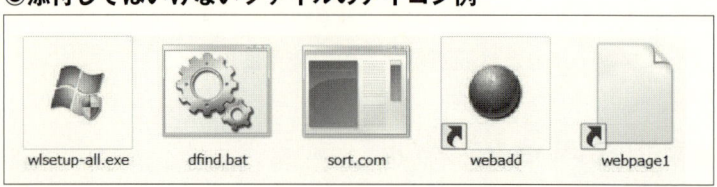

| wlsetup-all.exe | dfind.bat | sort.com | webadd | webpage1 |

　プログラムファイル（実行ファイル）は問題があります。メールソフトの初期設定では添付ファイルとして開けません。また、ウイルスが入り込む可能性が高いので危険です。

　ショートカットやリンクは添付しても、相手は利用することができません。ウェブページのアドレスを本文中に入れましょう。

rule 26 添付ファイルは形式を明記する

ファイルを添付する場合は、どのような形式のファイルなのかを明記することが大切です。形式がわからないと相手が開けない場合があり、ウイルスではないかと不安に思われることがあるからです。

普通▶ 作業スケジュールをお送りします。

⬇

良い▶ 作業スケジュールをお送りします（Excel の表）。

■ソフトのバージョンの違いに注意

注意したいのは、ソフトのバージョンによってファイル形式が異なる点です。たとえば、Word 2007 や Word 2010 で普通に保存した文書は、Word 2003 以前のバージョンでは開けません。次のように添付ファイルを受け取る相手のことを考えて、ソフトのバージョンも明記したほうがいいでしょう。

▶ 新規プロジェクト進行案（Word 2007）をお送りします。

また、ソフトの新バージョンを持っていない相手のことを考えて、一般に普及している旧バージョンの形式で保存して添付すると、親切です。Word 2007 や Word 2010 では、Word 2003 以前の文書形式で保存する機能があります。

さらに、次のような一文を追加しておくと相手は安心します。

▶ もし添付ファイルが開けない場合は、ご連絡ください。

■ WindowsとMac間のやりとりに注意

　同じソフトの同じバージョンでつくったデータファイルでも、Windows と Mac との間では開けないことがあります。

　たとえば、Mac の Excel でつくられたファイル「schedule」は Windows に送る際に、「schedule.dat」などと変更されます。これが Excel のファイルだと相手にわからないと、Windows では開いて内容を見ることができません。

　「これは Excel のファイルです」とひと言あれば、拡張子「.dat」（COLUMN 2 参照）を「.xls」に変更して問題なく開けます。

WindowsとMacとの間で
開けないファイルがある

rule 27 添付ファイルの概要を本文に書く

メールにファイルを添付したときも、その概要を本文に書くことをおすすめします。相手は添付ファイルを開かなくても概要がわかり、忙しい人や外出先でケータイなどでメールをチェックする人に喜ばれます。メールを検索して内容を確認する場合にも便利です。

普通▶ ご提案の内容については添付ファイル（Word文書）を
お読みください。

⬇

良い▶ ご提案を添付ファイル（Word文書）でお送りいたします。
概要は次のとおりです。

1　宣伝企画のために外部から専門家を雇う
2　9月1日から宣伝活動を開始する
3　宣伝企画と活動にかかる費用は折半する

上記の「普通の例」では、内容がまったくわからないので、添付ファイルを開いて読む必要があります。しかし、「良い例」では、概要をさっと読んでおき、後でじっくり添付ファイルを読むことができます。

また、ケータイで受け取った場合は、添付ファイルが開けなくても概要がわかります。

rule 28 [添付ファイルの容量は
2Mバイト以下に]

　ファイルを添付して送る場合に、画像ファイルなどのあまりに大きい容量だと相手に迷惑をかけたり、不快感を与えたりすることがあります。1回で送るのは2Mバイト以下に抑えるのが適当です。

■デジカメの写真は縮小する

　デジカメの写真は1枚で1Mバイトを超え、2Mバイトに近いものが標準となっています。それでは大きすぎるので、添付する前に「640×480ドット」や「800×600ドット」などに縮小するといいでしょう。「Paint」などの画像処理ソフトで縮小することができます。しかし、次のようにして写真を添付の際に自動で縮小するのが一番簡単です（〈注〉Windows 7 の場合）。

①写真を選ぶ

　Ctrl キーを押しながらクリックすると複数枚選択可

②「電子メールで送信する」をクリックする

　（Windows XP では「このファイルを電子メールで送信する」）

③「ピクチャのサイズ」から好みの解像度を選ぶ

　（Windows XP では「詳細オプションの表示」の後、選ぶ）

④「添付」をクリックする

　（Windows XP では「ＯＫ」をクリックする）

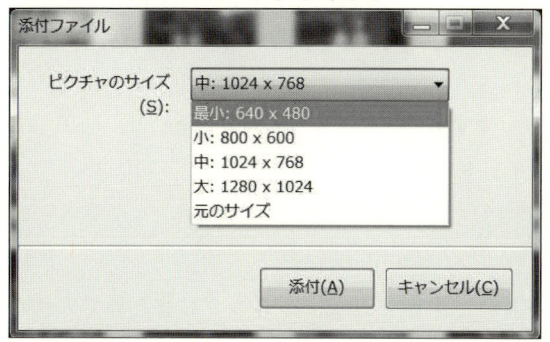

●自動で写真のサイズが小さくなる

「ピクチャのサイズ」の▼をクリックすれば、上の図のような解像度から選択できます。Windows XPでは「詳細オプションの表示」で、次の3種類から選べます。

小（640 × 480）、中（800 × 600）、大（1024 × 768）

Windows 7では、予想合計サイズが「230 ＫＢ(キロバイト)」などと表示されるので容量の確認ができます。

■画面コピーの画像は小さくする

　WindowsのエラV画面やWord、Excelなどの操作画面をコピーして画像ファイルにすることができますが、容量がかなり大きくなります。

　Windowsの画像ファイル形式は非圧縮のビットマップ（bmp）なので、圧縮したジェイペグ（jpg）形式に変えましょう。Paintで読み込んだあと、jpgに変えて保存できます。

　画面のコピーをいくつかWordに貼りつけると数ページの文書で

も2Mバイトを超えます。これはzip形式で圧縮すると10分の1くらいに小さくなります。その方法は次のようにします。

① 画像を右クリックする
② 「送る」をポイントする
③ 「圧縮（zip形式）フォルダ」をクリックする

ファイルの数が多いときも、「圧縮」フォルダにまとめて入れると1つの添付ファイルとして送信できます。
また、Word文書をPDFに変えると小さくなります。

■大量なデータはファイル転送サービスを利用する

音楽ファイルと画像ファイルはかなり大きくなるので、インターネットのファイル転送サービスやストレージサービスなどを利用して、相手が受け取れるようにするといいでしょう。

ファイル転送サービスの代表的なものが「宅ふぁいる便」（株式会社エルネット提供）で、無料です。簡単な会員登録手続で、最大100Mバイトまでファイルを送信できます。

＊宅ふぁいる便のアドレス
http://www.filesend.to/

第2章のまとめ

メールを書く前にちょっとした準備をするだけで、メールの内容が格段に伝わりやすくなります。また、好感度がアップするメールになります。次の点をチェックしましょう。

- □メールの目的と結果を考えて書いているか？
- □よく書くメールのひな型をつくっているか？
- □メールに不適切な言葉を使っていないか？
- □メールと電話・対面をうまく使い分けているか？
- □CCメールには適切な相手を選んでいるか？
- □CCメールの本文には第三者の名前も書いているか？
- □住所変更などの一斉送信はBCCを使っているか？
- □内容を本文に書くか、添付ファイルにするか決めているか？
- □添付していいファイルと悪いファイルを区別しているか？
- □添付ファイルは形式を明記しているか？
- □添付ファイルの概要を本文に書いているか？
- □添付ファイルの容量は2Mバイト以下に抑えているか？

COLUMN 2

知っておきたい ファイルの拡張子

　Windowsではファイル名は厳密には「ファイル名」と「拡張子」に分かれて、「.」(ドット)で結ばれています。

　ファイル名はファイルの内容を表わし、拡張子はファイルの形式を表わします。拡張子で、プログラムファイルとデータファイルの区別がわかります。データファイルならテキスト(文字)、文書、表、ウェブページ、画像、音楽、映像などが区別できます。

　「拡張子」は実は英語「file extension」の翻訳語です。「ファイル名」(file name)を拡張したものという意味です。

●**サンプルとして出版企画書のファイル名と拡張子**

出版企画書.doc

■プログラムファイルの拡張子

ファイル形式	拡張子	拡張子の意味
実行形式ファイル	.exe	executable file
	.com	command file
スクリーンセーバー	.scr	screen saver
プログラム情報ファイル	.pif	program information file
バッチファイル	.bat	batch file

■データファイルの拡張子

ファイル形式	拡張子	拡張子の意味
テキストファイル	.txt	text
Word 2003の文書	.doc	document
Word 2007/2010の文書	.docx	document XML
Excel 2003の表	.xls	Excel sheet
Excel 2007/2010の表	.xlsx	Excel sheet XML
PowerPoint 2003のデータ	.ppt	PowerPoint
PowerPoint 2007/2010のデータ	.pptx	PowerPoint XML
一太郎の文書	.jsd	JustSystem data
PDFファイル	.pdf	portable document format
ウェブページ	.htm(l)	HyperText Markup Language
画像	.jpg	JPEG
	.bmp	Windows bitmap
	.gif	Graphic Interchange Format
音楽	.mp3	MPEG-1 audio layer 3
	.wma	Windows Media Audio
映像	.mpg	MPEG
圧縮ファイル	.zip	zipper

Windowsの標準設定ではファイル名だけしか表示されていませんが、次の手順で拡張子も表示しておくことをおすすめします。Macとファイルをやりとりする場合やウイルスファイルを見抜くために必要です。

①どれか「フォルダー」を開く
②「ツール」→「フィルダーオプション」→「表示」を選択
③「□登録されている拡張子は表示しない」のチェックをはずす

第3章 メールだからこそ、短くわかりやすく書く

rule 29 ［文章ではなく「箇条書き」を原則とする］

　ビジネスのメールでは、何よりも簡潔さとわかりやすさが大切です。そのためには「箇条書き」を原則としましょう。短く明確になります。文章にして文体を整えたり、つなぎの言葉を入れたりすると、むしろ読みづらくなります。

たとえば、いくつか提案があるメールを考えてみましょう。

悪い▶ 新製品の販促キャンペーンにつきまして、いくつかご提案があります。そのご提案と言いますのは、キャンペーンのキャッチフレーズは新製品と同じものにするということやキャンペーンの広告をメディアミックスして雑誌とウェブとメールで展開するということです。また、キャンペーンの期間中は、活動内容や状況をブログ、ツイッター、メールで一般に広く伝えることもいいのではと思います。

⬇

良い▶ 新製品の販促キャンペーンにつきまして、いくつかご提案があります。

- キャッチフレーズは新製品とキャンペーンで統一する
- 広告は雑誌、ウェブ、メールの3媒体で展開する
- 期間中は、活動内容や状況をブログ、ツイッター、メールで一般に広く伝える

次は、打ち合わせの内容と場所を説明するメールです。

悪い▶ 打ち合わせの内容ですが、販促キャンペーンの概要をご説明して、現在の進行状況をお伝えして、最後に今後のスケジュールを決めたいと思います。
場所ですが、弊社の第1会議室で行ないます。弊社のホームページ http://www.mediatool.co.jp/company/map から地図をご確認いただけます。2階受付で営業部の佐藤をお呼び出しください。

↓

良い▶ 打ち合わせの内容と場所について、ご連絡いたします。

●内容
 ・販促キャンペーンの概要説明
 ・現在の進行状況把握
 ・今後のスケジュールの決定

●場所
 ・弊社の第1会議室
 ・地図（弊社ホームページ）
  http://www.mediatool.co.jp/company/map
 ＊2階受付で営業部の佐藤をお呼び出しください。

　良い例ではいずれも要点がひと目でわかります。メールの文章では、つねに箇条書きにすることを考えて書きましょう。

rule 30 [内容は「箇条書き」を もとにしてまとめる]

　伝えることがいろいろあり、何をどう書いていいかわからない場合も箇条書きが有効です。ポイントを箇条書きで書き出して、同じ話はまとめて、順番を並べ替え、肉づけするのです。すっきりと、わかりやすいメールになります。

　たとえば、取引先との打ち合わせの結果を報告するメールで考えてみましょう。まずは報告する内容を箇条書きにします。

▷ 8月4日、日実商事で島田課長と打ち合わせ
▷ 新製品の販促プランの内容と実施時期の決定
▷ 開始時期は9月15日（月）からとの要望あり
▷ 販促プランの内容は、こちらの提案どおり承認
▷ こちらの参加者は営業部の西田と私（田中）

　その後、順番を並べ替えて内容をつけ加えます。箇条書きで書いたほうが読みやすく、わかりやすい箇所はそのまま活かせます。

①ポイントを箇条書きで書き出す
②同じ話はまとめる
③順番を並び替える
④肉づけする

何をどう書けばいいか？

●日時・場所
2010年8月4日（水）　日実商事　第1会議室

●目的
セキュリティ対策ソフトの新製品「ウェブ・レスキュー」の販促プランの内容と実施時期の決定

●参加者
先方：島田課長
自社：営業部 西田、企画部 田中

●結果
- 販促プランの内容は、こちらの提案どおり承認。
- 販促プランの実施時期は9月15日（水）からとの要望あり。

●詳細
1：決定事項
　　販促プランの内容は、こちらの提案書の内容そのままで先方の承認が得られました。修正の必要はありません。
2：未決事項
　　販促プランの開始時期が未定で、双方で調整が必要です。
3：先方の要望
　　販促スケジュールの開始時期は、先方が準備に時間がかかるため、予定より2週間遅らせて9月15日（水）からが望ましいとの要望がありました。

rule 31 ［質問は相手が答えやすいように「箇条書き」で］

メールで質問する場合は、文章中に質問があると相手は読みづらく答えにくいものです。質問は箇条書きにしましょう。相手はそれを引用して、質問を確認しながら答えていくことができます。

悪い▶ 新製品の発売の時期はいつごろで、価格はどれくらいになりますでしょうか？ また、広告媒体はウェブページもお考えでしょうか？

⬇

良い▶ 質問が3つあります。

●新製品の発売時期はいつごろでしょうか？
●新製品の価格はどれくらいでしょうか？
●広告媒体はウェブページもお考えでしょうか？

箇条書きに加えて、先頭の行に●など記号をつけると目立って相手に親切です。

しかしこのように質問を箇条書きにしても、返信の際に全文を引用したうえに、本文に答えだけを書く人がいます。それでは、相手はどんな質問をしたか再確認して読む必要があり、不親切です。

次のように質問を引用して、その下に答えを書くと、質問と答えが対比されてよくわかります。

悪い▶ **質問の答え方**

ご質問にお答えいたします。

販売の時期は9月1日からで、980円で
広告媒体はウェブページも考えております。

(署名 省略)

----- Original Message -----
(元のメッセージの引用)
> 質問が3つあります。

⬇

良い▶ **質問の答え方**

ご質問にお答えいたします。

> ●新製品の発売の時期はいつごろでしょうか?
9月1日からです。

> ●新製品の価格はどれくらいでしょうか?
980円を想定しています。

> ●広告媒体はウェブページもお考えでしょうか?
はい、それも考えに入れております。

rule 32 ［「明日」や「来週」などではなく「日時」を明記する］

メールで月日を書くときは、「明日、来週、さ来週、来月」などではなく「日にち、月、年」を明記しましょう。年月日なら日数が経っても相手に確実に伝わり、思わぬ勘違いを防ぐことができます。後でメールを読み直して日にちを確認するときにも便利です。

■日にちを書く

悪い▶	本日、資料を宅配便でお送りしました。 明日の午前中にそちらに届く予定です。 届きましたら、お手数ですがご一報ください。
	⬇
良い▶	本日（4日）、資料を宅配便でお送りしました。 明日（5日）の午前中にそちらに届く予定です。 届きましたら、お手数ですがご一報ください。

「明日」や「来週」だけでは、日数が経つと基準となる日が変わってくるので問題が生じます。たとえば上記の「悪い例」では、こちらが4日の夜遅くに「本日～」というメールを送り、相手が5日の朝に読むと、資料が届くのは6日と勘違いすることになります。

日にちの小さな間違いから大きな問題に発展するかもしれません。これは日にちをきちんと書いておけば防げることです。

■週と曜日を書く

悪い▶	さ来週の水曜日以降でしたら都合がつきます。
良い▶	15日の週の17日（水曜日）以降でしたら都合がつきます。

「さ来週」では、相手がカレンダーを見て確認しなければなりません。週は月曜日の日にちを基準にして「○日の週」と書くと間違いがありません。曜日も合わせて書いておくとより明確になります。

■年月日を書く

悪い▶	締め切りは今月末ではいかがでしょうか？
良い▶	締め切りは3月30日（火曜日）ではいかがでしょうか？

▶	期日は来年の1月末ではいかがでしょうか？
▶	次の期日ではいかがでしょうか？ 期日：2011年1月31日（月曜日）

　月や年が変わるようなタイミングで送るメールには必ず月や年も含めることが大事です。

　「年月日」を明記する習慣をつけておきましょう。後日、メールを検索・参照した場合でも、日付がはっきりとわかります。

rule 33 [「一文一義」で短く書く]

　メールは一文が長いと読みづらくなりますので、短く書くことを意識しましょう。それには一文に1つの事柄だけを書きます。「一文一義」と言いますが、これを実践するとメールの文章が見ちがえるように読みやすく、わかりやすくなります。

悪い▶ 新製品の販促に関してですが、プランを練ってみましたので、添付ファイルでお送りしますが、お読みいただいて、ご意見・ご感想をいただければ幸いです。

⬇

良い▶ 新製品の販促プランを練ってみました。
添付ファイル（Word文書）でお送りします。
ご意見・ご感想をいただければ幸いです。

　悪い例では一文にいくつもの事柄が入っています。良い例では「つなぎ」の部分を取って、3つの文にしています。「お読みいただいて」は省くとすっきりします。「ご意見・ご感想」とあれば、「読むこと」はわかりきっているからです。

　一文一義に加えて、次の例のように、意味のかたまりで改行するとさらにわかりやすくなります。

▶ 今回の企画を前向きにご検討いただき嬉しく思っており、企画が通りましたら全力を尽くす所存です。この企画はビジネスパーソンが対象ですし、製品化すれば、かなり訴求力があると思います。

⬇

▶ 今回の企画を前向きにご検討いただき嬉しく思っております。
企画が通りましたら全力を尽くす所存です。
この企画はビジネスパーソンが対象です。
製品化すれば、かなり訴求力があると思います。

　また、名詞を形容する語句が長く、ムダなものがあると読みづらくなります。

▶ 今後、デモ開発、パートナー探しと交渉、製品開発といったような、いろいろとこなしていかなければならない仕事が控えています。

⬇

▶ 今後、いろいろな仕事が控えています。
デモ開発、パートナー探しと交渉、製品開発などです。

　このようにムダを省いて短くして、一文一義で伝えたいことを書きます。説明は後に続く文で述べるとすっきりします。

rule 34 [一番伝えたいことは「一文」で表わす]

メールを書くときに、相手に一番伝えたいことは何かを考え、それを一文で表わしましょう。内容がストレートに伝わります。

■依頼
▷ お手数ですが、お見積書をお送りいただけますでしょうか。
▷ 企画と実行までを担当していただきたく、お願いいたします。

■打診
▷ 次の日程のうち、ご都合のいい日時をお知らせください。
▷ 企画案をお送りしましたが、ご覧いただきましたでしょうか？

■確認
▷ スケジュールは問題がないかどうか、ご確認願います。
▷ 打ち合わせの場所は弊社でよろしいでしょうか？

■承諾
▷ 次回の打ち合わせの件、承知しました。
▷ この件、よろこんでお引き受けいたします。

■案内
▷ 下記のとおり、新製品発表会についてご案内申し上げます。
▷ 異業種懇談会のご案内です。

rule 35 ［相手を納得させるときも「一文」で理由を述べる］

　ビジネスのメールでは、先にストレートに結論を述べることが重要ですが、さらに理由もその後に一文で述べましょう。「なぜ提案するのか」「なぜ依頼するのか」などが簡潔に伝わり、相手は納得するからです。

例▷ **セミナーの講師依頼**
今回のセミナーの講師として桑田様が適任だと考えております。それは、最近のご著書『ＩＴ新時代の展望』を拝読して、とても感銘を受けたからです。

例▷ **パソコンの新型プリンタ導入の提案**
新型プリンタ「エコ・カラプリ」の導入をご提案いたします。性能はもちろんのこと、省エネ・省資源で、地球にやさしいエコを追求した機種です。

　理由をくどくどと並べ立てる必要はありません。簡潔に一文で伝わるように書きましょう。その後に具体的なことがらをつけ加えると、さらに説得力が増します。次のような文を加えましょう。

例▷ 「エコ・カラプリ」の消費電力は３割少なく、交換カートリッジの費用は２割安くなっています（弊社従来製品比）。

rule 36 ［簡単な用件なら1行だけで済ませてもいい］

メールでは、簡単な用件なら本文を1行だけで済ませてもかまいません。手紙やはがきではそうはいきませんが、メールだからこそ簡潔に書いて済ませられるのです。

例1▷　お世話になっております。

　　　打ち合わせ時間の変更の件、承知しました。　←用件

　　　まずは、確認のメールまで。

例2▷　ご連絡ありがとうございました。

　　　それでは3時におうかがいいたします。　←用件

　　　よろしくお願いいたします。
　　　まずは、用件のみにて失礼します。

このように、用件を1行で書き、前後にあいさつと締めをつけ加えると簡潔なメールになります。とくにパソコンからケータイ（携帯電話）のメールに送る場合や、ケータイからパソコンに送る場合は、このような書き方がいいでしょう。

rule 37 [主語・主体を明確に書く]

日本語は主語・主体がなくても通じますが、あいまいな文章になりがちです。メールでは意味を正確に伝えるために主語・主体を明確にしましょう。「だれが何をする」「だれが何と言った」「何がどうした」などをはっきり書くことです。

国境の長いトンネルを抜けると雪国であった。

これは川端康成の名作『雪国』の有名な書き出しです。名文と言われていますが、「トンネルを抜ける」ものは、主人公なのか、汽車なのか、その2つを合わせたものかはっきりしません。文学作品としては、これが日本語として情緒があり非常に味わい深いのですが、メールなら、次のように「何がどうした」をはっきりと書く必要があります。

▷ 汽車は長いトンネルを抜けて雪国へと入っていった。

これは日本文学の翻訳・研究で著名なサイデンステッカーの次の英訳を私が和訳したものです。情緒はありませんが、相手にはっきりと伝わります。

The train came out of the long tunnel into the snow country.

悪い▶	日程については、後日調整することで決定しました。
	⬇
良い▶	日程については、後日私が会議参加者の間で調整して決定することになりました。決定したら、またご連絡いたします。

　悪い例では、だれがだれとの間で調整するのかがわかりません。また、日程が決まったら、だれがどうするのかもわかりません。

　メールでは、主語・主体をきちんと書いて、相手が疑問を抱かない明確な文を心がけましょう。

主語・主体がないと……

何が（主語・主体）

汽車？
人？

どうした
「国境の長いトンネルを抜けると雪国であった。」

rule 38

事実と意見を
はっきり分けて書く

いくらメールでは短い文章を意識すると言っても、事実と意見は明確に分けて書くことが重要です。事実はだれも否定できませんが、意見には主観や憶測が入るものです。両者をごちゃまぜに書くと相手は混乱しますし、どの文章を信用して良いのかがわからなくなってしまいます。

悪い▶ 今回のトラブルが起きたのは、互いのコミュニケーション不足が原因だと思います。どうも日時の変更などが確認されていなかったようです。

⬇

良い▶ 今回のトラブルが起きたのは、互いのコミュニケーション不足が原因です。

次の点でお互いの意思疎通がうまくいっていませんでした。

- 日時の変更を先方に電話で伝えようとしたら不在だった
- 伝言したが、先方にきちんと伝わっていなかった
- こちらからも確認の電話をしなかった

「互いのコミュニケーション不足」が事実の場合は、「です」と言い切り、「だと思います」と憶測を入れないことです。その後、その事実について具体的に説明しましょう。

rule 39 　自分の意見には根拠を具体的に示す

　自分の意見を説得力をもって相手に伝えたい場合、はっきりと述べたうえで客観的な根拠や理由を書きましょう。相手に疑問や反論をもたれることなく、すんなり納得してもらえます。

悪い▶ 立地条件から考えて、来店するお客様の数は限られるのではないかと思います。

⬇

良い▶ 来店するお客様の数は限られると思います。
店舗は最寄り駅から歩いて約15分もかかるからです。

▶ この種の製品は、現在とても人気がありますので、関連した新製品を出せば必ず売れると思います。

⬇

▶ ~~この種の製品は、現在とても人気があります。~~

市場調査会社の調査によると、今すぐに買いたい人は35％、給料をもらったら買いたい人は45％います。

購入希望者は合わせて80％もいますので、関連した新製品を出せば必ず売れると思います。

　このように具体的な数字を入れて根拠を示すと効果的です。

rule
40

複数の要素や要点を対比させる

第3章 メールだからこそ、短くわかりやすく書く

物事は対比させることで、よりわかりやすくなります。メールで複数の要素や要点を簡潔に伝えるとき、対比させて書くのは良い方法です。

例▷
件名：時間変更のお知らせ

販促会議開催について、時間変更のお知らせです。

＊変更前：4月8日（木）午後1時から
◎変更後：4月8日（木）午後2時から

悪い▶ 打ち合わせの結果、販促キャンペーンの時期が4月1日から5月31日までと決定しました。しかし、キャッチフレーズがまだ決定されていません。

⬇

良い▶ 打ち合わせの結果について、ご報告いたします。
①決定事項
　販促キャンペーンの時期は4月1日から5月31日までに決定。
②未決事項
　販促キャンペーンのキャッチフレーズは未決定。

rule 41 余計なことは書かない

ビジネスのメールでは、重要でないこと、相手に関係のないこと、自分勝手な言い訳、重複する表現など、余計なことは書かないようにしましょう。重要な点が明確になり、全体がすっきりします。

悪い▶ 金曜日にご来社いただく件ですが、午後3時にご来社いただくことになっていますが、できれば、30分くらい早まるとありがたいのですが。午後4時にもう1人来社されるアポが入ったため、たぶん、大丈夫だとは思いますが、できれば、いろいろお話をさせていただきたいので、もし可能でしたら、30分前にご来社いだだけると幸いです。

⬇

良い▶ 5日（金）の午後3時にご来社いただく件ですが
できましたら午後2時30分にしていだだけない
でしょうか？　勝手を申して、~~大変恐縮ですが~~
いろいろとお話をさせていただきたいと思います。

▶ このところ仕事が立て込んでいて、ご返事が遅れてしまい申し訳ございません。社内で重要な会議が重なり、取引先との打ち合わせや出張にも出かけたためです。

⬇

▶ ご返事が遅れてしまい誠に申し訳ございません。
出張に出ておりまして、今日から出社しました。

第3章のまとめ

　メールは何よりも簡潔さとわかりやすさが重要です。メールの特性を活かして、短い文で的確に要点が伝わるように書くことです。次の点をチェックしましょう。

□「箇条書き」を原則としているか？

□内容は「箇条書き」をもとにしてまとめているか？

□質問は相手が答えやすいように「箇条書き」で書いているか？

□「明日」や「来週」などではなく、「日時」を明記しているか？

□「一文一義」で短く書いているか？

□一番伝えたいことは「一文」で表わしているか？

□相手を納得させるために「一文」で理由を述べているか？

□簡単な用件は1行だけで済ませているか？

□主語・主体を明確に書いているか？

□事実と意見をはっきり分けて書いているか？

□自分の意見には根拠を示しているか？

□複数の要素や要点は対比させて伝えているか？

□余計なことは書いていないか？

COLUMN 3

ひな型の文章を
一発で入力するには?

　よく書くメールは「ひな型」の文章をつくっておき、それを一発でメッセージ作成画面に入力すると非常に効率的です。その方法を紹介しましょう（以下、送付案内の例）。

①メモ帳
　ひな型の文章を「メモ帳」に入力し「送付案内」で保存
②メールソフト（Windows Live メール、Outlook Express などの場合）
　「ツール」→「オプション」→「署名」→「新規作成」→
　「署名の編集」で「ファイル」を選択 →「送付案内」を指定

●オプションの「署名」タブ

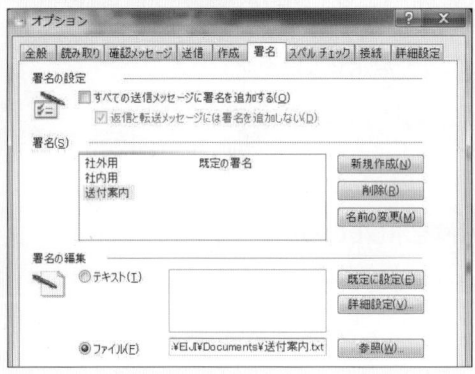

③メッセージ作成画面
　「挿入」→「署名」→「送付案内」を選ぶ

第**4**章

言いにくいことを上手に伝えるコツ

rule 42 ［言いにくいことこそ、すぐに誠意をもって伝える］

相手の提案や誘いを断る、仕事上の遅れを報告する、といったことは言いにくいものです。しかし、言いにくいことほどすぐに誠意をもって伝えましょう。問題を放置すればするほど、クレームを招くなどトラブルが生じる可能性が高くなります。

悪い▶ ご提案については社内で考えさせてください。

⬇

良い▶ ご提案について社内で慎重に検討いたしましたが、期待できる販売数が見込めないとの結論に達しました。誠に残念ですが、今回は見送らせていただきたいと存じます。

▶ この件では、しばらく様子を見たいと思います。

⬇

▶ この件では、ご期待にそえず誠に残念です。諸般の事情により、余儀なくコスト削減を迫られております。どうかご理解くださいますようお願い申し上げます。

あいまいな断り方はせずに、理由を述べてはっきりと断ることが大切です。相手をどっちつかずの状態にさせておいてはいけません。
「断ることで相手に悪い」とは考えずに、「断ることで相手は早く新たなアクションを起こせる」とポジティブに考えましょう。

rule 43 　大事なメールは受け取り確認を依頼する

メールの悩みや不安の原因の1つが「相手がちゃんと受け取って読んでいるか」です。受け取り確認の依頼は大事なメールであることを伝え、ていねいにお願いすれば問題ありません。

例▷ 勝手を申して恐縮ですが、お読みいただいたら
　　ご確認のメールをいただければ幸いです。

例▷ この件は確実にお伝えしたく存じます。
　　内容に関するご返事はのちほどで結構です。
　　まずは、受信ご確認のメールをいただければ
　　幸いです。

例▷ 企画書をWord文書でお送りいたします。
　　問題なくご覧になれますでしょうか？
　　お手数ですが、折り返しご確認のメールを
　　いただければ幸いです。

　メールソフトには「開封確認」を求める機能がありますが、これは使わないほうがいいでしょう。日経BP社のアンケート調査（COLUMN 1参照）などでは、多くの人が不快に感じています。やはり、自らの言葉で伝えるのが一番です。

第4章　言いにくいことを上手に伝えるコツ

rule 44 ［返事の催促では「相手の逃げ道」を用意する］

　メールを送った後、返事がなかなか来ないことがあります。その場合、感情的に一方的に相手を責めてはいけません。相手を尊重して気分を害さないような表現を使いましょう。相手に説明の余地を残すことが大切です。

　催促するタイミングの目安は、次のいずれかがいいでしょう。

▷ メールを送信してから3～4日経った
▷ こちらから依頼した返事の期日を1～2日過ぎた
▷ 相手から伝えられた返事の期日を1～2日過ぎた

　このように決めておけば、不安になったり、気をもんだりすることはありません。

悪い▶ メールで新製品の販促プランをお送りしましたが
　　　　まだ、ご返事をいただいておりません。

⬇

良い▶ 新製品の販促プランを10月12日にメールで
　　　　お送りしましたが、届いておりますでしょうか？

　　　　ご確認いただければ幸いです。
　　　　もし、届いてないようでしたら再送信いたします。

まずは送ったメールが届いているかどうかを確認することです。これで、やんわりと催促することができます。

▶ 企画案をお送りいただく期限が過ぎております。
　至急お送りください。

⬇

▶ 企画案をお送りいただく期限が過ぎましたが
　進捗(しんちょく)はいかがでしょうか？
　状況をお知らせいただければ幸いです。

　「至急お送りください」では、相手の気分を害する可能性があります。「良い例」のように相手に説明の余地を残しておきましょう。いわば、「相手の逃げ道」を用意するわけです。

▶ 4月20日が期限となっております。
　必ず納品をお願いします。

⬇

▶ 4月20日が期限となっております。
　4月末から連休がありますので、作業日程上
　これ以上伸ばすことができない状況です。
　ご理解とご協力のほどお願い申し上げます。

　期限を伸ばせない場合は、相手が納得できる理由を述べましょう。ただ「期限を守ってください」と言うだけでは反感を持たれます。

rule 45 [こちらの都合による依頼は低姿勢で伝える]

　メールで至急のお願いや無理なお願いをする場合は、とにかく低姿勢で伝えることです。一方的にこちらの都合を押しつけずに、相手の事情も考慮します。快く受け入れてもらえるように、ていねいに書きましょう。

悪い▶　**件名：PR誌の原稿校正のお願い**

お世話になっております。
メディアツールの進藤です。

先日、弊社のPR誌『ネット・ワールド』に
お書きいただいた原稿の校正原稿が5日の午前中に
あがってきます。

できあがり次第、ファックスでお送りしますので
校正をお願いいたします。

校了日が8日となっておりますので、直しなどが
ありましたら、8日の午前中までにファックスで
ご返信ください。

よろしくお願いいたします。

次の例は、内容は同じでも、かなり低姿勢で書いたものです。このようにこちらからの一方的なお願いではなく、相談する形のほうがやわらかく伝わります。

> **良い▶ 件名：ＰＲ誌の原稿校正のお願い**
>
> 大変お世話になっております。
> 株式会社メディアツール企画部の進藤和夫です。
>
> 本日は至急のご協力をお願いしたくメールいたしました。
>
> 先日は、弊社のＰＲ誌『ネット・ワールド』に原稿を
> お書きいただき誠にありがとうございました。
>
> その校正原稿が５日（金）の午前中にあがってきます。
> できあがり次第、ファックスでお送りしますので校正を
> お願いできればと思います。
>
> 校正原稿に直しなどを書き込んでいただき、来週月曜日
> ８日の午前中までにファックスでご返信いただくことは
> 可能でしょうか？
>
> 祝日が入りました関係で校了日が８日と早くなりましたので、私どもとしても心苦しく思っております。
> また、週末にかかり大変恐縮ですが、ご理解とご協力を
> お願い申し上げます。

rule 46 [無理な依頼を断るときは相手の立場で]

　無理な依頼をうまく断るには、相手の立場で理由を述べることです。自分の都合による断り方では、相手に不快感や悪い印象を与えます。

悪い▶　なかなか時間が取れませんので、今回は
　　　　お断りさせていただきます。

　　　　　　　　　　⬇

良い▶　あまり時間がかかると貴社にご迷惑がかかる
　　　　おそれがありますので、今回は見送らせてい
　　　　ただきたいと存じます。

▶　今回の件は、当方にメリットがありませんので
　　お断りしたいと思います。

　　　　　　　　⬇

▶　今回の件は、お互いに利益を共有することが
　　難しい状況ですので、誠に残念ですがご期待
　　にそうことができません。

　「時間が取れない」や「当方にメリットがない」など一方的な都合は避けることです。それよりも、「ご迷惑がかかる」「お互いに利益を共有することが難しい」といった相手の立場になって理由を述べましょう。

▶ この予定では作業時間が十分に確保できませんので無理かと存じます。

⬇

▶ この予定では、御社にご満足いただける結果を出すのが困難かと存じます。

▶ 現在、弊社ではかなりの仕事を抱えておりましてこれ以上はお引き受けすることが難しい状況です。

⬇

▶ これ以上お引き受けすると品質の面に影響がおよぶおそれがあります。現在の仕事量が適当ではないかと考えております。

以上の例でも、「私」ではなく「相手」を考えた断り方をしています。

また、やんわりと断るには、次のようなクッションとなるフレーズを使うといいでしょう。

▷せっかくのお申し出ですが
▷ご期待に添えず誠に残念ですが
▷心苦しく思いますが

rule 47 ［誘いを断るには、カドが立たないやわらかい表現で］

　飲み会や懇親会などの誘いを断る場合、やわらかい表現を使ってカドが立たないように書きます。次につなげる言葉も添えて、相手を気づかいましょう。

悪い▶	すみませんが、その日はちょっと用事が。　➡
良い▶	せっかくのお誘いですが、その日は他に用事があります。

▶ 考えておきます。　➡
▶ とても残念ですが、都合により参加できません。

　断るときは、「ちょっと用事が」や「考えておきます」といったあいまいな表現を使わないことです。相手を気づかいながらも、きちんと意思を伝えましょう。

　次にスマートな断り方の例をあげます。

> 例▷　このたびは飲み会にお誘いいただき、ありがとうございました。
> とても残念ですが、今回は都合により参加できません。
> 次回はぜひとも参加したいと思いますので、またのお誘いを心よりお待ちしております。

> **例▷** 今回のお誘い、大変うれしく思います。
> せっかくお声をかけていただきましたが、
> 当日はすでに予定が入っております。
> 残念ですが、またの機会にお会いできたら
> と思います。

　まず、誘ってくれたことに対して感謝の気持ちを伝えます。断る前に「とても残念ですが」「残念ながら」「あいにく」といったクッションになる言葉を必ず用いましょう。

　そして「都合により」や「他に予定があり」と断る理由をシンプルに述べます。「〜といった事情なので」などと詳しく述べるとかえってくどくなります。

　最後に、次の機会につなげる言葉を添えると、やわらかいメールになります。もう誘ってほしくない場合は、意図的に書かないようにします。相手はそれとなく気づくはずです。

rule 48 ［相手の間違いは ストレートに指摘しない］

　相手が明らかに間違っていても、それをストレートに指摘してはいけません。「～のようです」といった断定しない表現を使い、ていねいに書きましょう。

悪い▶ ファイルが添付されていませんでしたので
再送信してください。

⬇

良い▶ ファイルが添付されていないようですので、
恐れ入りますが、再送信をお願いいたします。

▶ 請求書をお送りしましたが、支払期日になっても
入金がありません。どうしてでしょうか？

⬇

▶ 請求書を3月末にお送りいたしましたが
お手元に届いておりますでしょうか？

支払期日の4月30日になっても入金が
ないようです。

お手数ですが、ご確認いただいてご一報
いただければありがたく存じます。

rule 49 　謝罪のメールでは「原因と対策」を明確に

　ミスや手違いなどが起こって謝罪のメールを書く場合、まず内容を説明して謝罪します。次に「原因と対応」をていねいに伝えることが重要です。また、二度とこのようなことを起こさないという強い意思表示も必要です。

　ここでは、印刷会社の人が名刺を印刷する際に、用紙の手配のミスしたときの謝罪のメールを例に考えてみましょう。

■名刺印刷の謝罪のメール

> **悪い▶**　お世話になっております。
> 　　　　名刺ですが、こちらの手配ミスで用紙がご希望された
> 　　　　ものと違うものが仕上がってきてしまい、
> 　　　　ただいま刷り直しの作業をしております。
>
> 　　　　ご希望の用紙で印刷したお名刺の納期ですが、
> 　　　　3月10日発送→11日午前中着で納品手配を
> 　　　　させていただいております。
>
> 　　　　ご迷惑をおかけして申し訳ございませんが、
> 　　　　よろしくお願いいたします。

第4章　言いにくいことを上手に伝えるコツ

悪い例では、冒頭に謝罪がありません。原因と対応は書いてありますが、書き方がぞんざいで、ていねいではありません。最後にお詫びがありますが、二度とこのようなことがないように努めるとは書いてありません。

> **良い▶**　いつも大変お世話になっております。
> 山下印刷 営業部の新井順子と申します。
>
> お名刺印刷の件ですが、ご希望された用紙と違うものができあがってきてしまいました。
> 誠に申し訳ございません。心よりお詫び申し上げます。
>
> こちらの手配ミスで用紙の指定が抜けてしまいまして、ご指定のマット紙ではなくコート紙になっています。
> ただいま刷り直しの作業をしておりますので、数日のご猶予をいただければありがたく存じます。
>
> ご希望の用紙で印刷したお名刺の納期ですが、こちらを3月10日に発送し、11日午前中にそちらに届くように手配いたしました。
>
> 今後、二度とこのようなことのないように厳重に注意いたします。これに懲りず、引き続きご愛顧のほど、よろしくお願い申し上げます。

rule 50 [苦情のメールを送る場合は、冷静に客観的に]

　苦情を伝えるメールでは、冷静に客観的に書くことが重要です。感情を前面に出さず、相手を責め立てないこと。苦情の内容を客観的に述べ、相手に望む対応をやんわりと伝えることです。

■名刺印刷の苦情メール

> **悪い▶** お世話になっております。
>
> 本日、名刺を受け取りましたが、用紙が指定したものと違っていました。ちゃんと指定していたのに、どうして間違ったのでしょうか？
>
> これでは使い物になりません。至急、刷り直してください。名刺を受け取る者が3日後に出張に出かけるので、それまでにぜひとも必要です。
>
> 絶対、間に合うようにしてください。

　上の例では、感情的になって相手を責め立てています。用紙の間違いの苦情だとはわかりますが、どんな用紙を指定し、どんな用紙で印刷されたのかがわかりません。相手に望む対応もきつい印象を与えます。

> **良い ▶**
>
> お世話になっております。
> 山下印刷 営業部の新井順子です。
>
> 本日、名刺を受け取りました。
> さっそく確認したところ、用紙が指定したものと
> 違っているようです。
>
> マット紙を指定したのですが、コート紙のようです。
> ご確認のうえ、至急刷り直しをお願いする次第です。
>
> 名刺を受け取る者が3日後に出張に出かけますので
> あさって(10日)の午前中までにいただければ幸い
> です。
> よろしくお願いいたします。
>
> のちほど確認のお電話をいたします。
> まずは、ご連絡まで。

　良い例では、「～ようです」とやわらかく苦情を伝え、相手に望む対応もやわらかく表現しています。用紙についても指定した用紙と受け取った用紙の違いが明確です。

　なお、このような重要な件は、メールで苦情を伝えるだけでなく、後で電話で確認することが大切です。

rule 51 　苦情には相手が納得する理由と対応策を書く

苦情のメールには誠意をもって対処しましょう。まずきちんと謝り、相手が納得する経緯や理由を述べ、今後の対応策を伝えます。

■苦情のメールの例（一部）

> 期限は9月30日だったはずです。
> なぜ、期限を過ぎても何の連絡もないのでしょうか？

■苦情のメールに対する返信

悪い▶　メールを拝見しました。

＞ なぜ、期限を過ぎても何の連絡もないのでしょうか？

今回は新入社員が担当したものですから、業務を覚えるのに大変で、対応できなかった次第です。
誠に申し訳ありませんでした。

苦情に対する返事で重要なことは、まずは誠意を尽くして謝り、事情や経緯を客観的に説明することです。そして、否定的な感情の引用を避けましょう。いやみにとられますし、相手も感情的になって書いたものを読みたくないでしょう。

また、言い訳には「こちらの事情」を書かないことです。相手にはまったく関係のないことなので、さらに感情を悪化させます。

> **良い▶**　このたびは、貴社に大変ご迷惑をおかけしてしまい誠に申し訳ありません。
>
> 今回の件は社内の連絡ミスが原因で、営業部から製作部にきちんと期限が伝わっていませんでした。
>
> 今後、このようなことのないように連絡を密にすることを徹底してまいります。
>
> これに懲りず、今後ともどうかよろしくお願い申し上げます。

　単なる「言い訳」ではなく、原因は何だったのか、今後どう対処するのかなど相手が知りたいことを書くのが大切です。
　ちなみに今後の対策として、「〜と思います」ではあいまいです。「します」と言い切って、同じ間違いを繰り返さない意思を明確に伝えましょう。

▶　連絡を密にしてまいりたいと思います。
　　　　　　　⬇
▶　連絡を密にしてまいります。

rule 52 [トラブルの報告は状況と解決策を適切に伝える]

トラブルの報告は、どのようなトラブルが起きたか、どうして起きたかなど経過を明確に伝えましょう。そして、現在の対応状況と今後の対応策を述べます。

■トラブルに対する報告のメール

営業部の高橋です。
弊社の直販サイトのトラブルについて、ご報告いたします。

1　内容
　●事実
　　新商品セキュリティ対策ソフト「ウェブ・レスキュー」の
　　価格が１８００円のところ１８０円と掲載。

　●理由
　　ウェブ担当者がページ更新時に価格をひと桁間違えたため。

　●経過
　　９月１日午前９時
　　　該当ページに該当新製品と価格を追加。
　　　この時点で価格が１８０円と表記。
　　９月１日午前１０時

　　　　　私が該当ページをチェックしていて間違いを発見。

　●状況
　　すでにお客様から該当商品7点が購入済み。
　　現時点（1日午前11時）では、それ以外は確認なし。
　　直販サイトにその他の影響は見られない。

2　現在の対応
　●対応済み
　　9月1日午前10時30分現在で、当該ページを修正。
　　価格は正しい1800円に表記。

　●対応予定
　　当該ページに価格表記の誤りのお詫びを掲載予定。
　　1日午前11時20分までには掲載完了。

　●お客様
　　180円で購入された方はそのままの価格で提供。
　　今後、購入される方は1800円で提供。

3　今後の対応
　●お客様
　　180円という価格を見たという問い合わせには
　　誤りであったことを伝え、ていねいにお詫びする。

rule 53
仕事が遅れている報告は、理由と対策を明確に書く

仕事の進捗（しんちょく）が遅れている場合は、まず今の状況を伝えます。その後、理由と対策を述べます。最後に今後はどうなるという見込みを書くのがポイントです。

■進捗が遅れていることの報告メール

製作部の近藤です。
販促ポスターの進捗に遅れが出ているので、ご報告いたします。

1　現在の状況
　　予定より3日遅れています。

2　理由
　　クライアントの月星サービスがデザインの一部変更を希望したため。

3　対策
　　急きょ、デザインの一部を変更。

4　今後の見込み
　　製作過程後半のスケジュールを3日短くしますので、
　　遅れは取り戻せる見込みです。

rule 54 [間違いが発覚したときは「正誤」を示す]

打ち合わせの日時など相手に伝えた内容に間違いがあった場合は、すぐに訂正のメールを送りましょう。間違った箇所を直すだけでは、明確に伝わらない場合があるので、「正誤」を示すとはっきりします。

悪い▶ 大変申し訳ありませんが、お打ち合わせの時間が間違っておりました。
4月5日（水）の午後2時〜3時30分ではなく、午後1時〜2時30分です。場所は変わりません。

⬇

良い▶ 大変申し訳ありません。
お打ち合わせの時間が間違っておりました。
以下のとおり訂正いたします。

（誤）　日時：4月5日（水）午後2時〜3時30分

【正】　日時：4月5日（水）午後1時〜2時30分

「午後1時から」ですので、お間違えのないようにお越し願います。なお、場所は変わりません。

第4章のまとめ

　メールで言いにくいのが、提案や誘いを断る、謝罪する、返事を催促する、こちらの都合で依頼する、苦情に対応する、ミスやトラブルを報告する、といった内容です。誠実でていねいな書き方をすれば相手もわかってくれます。次の点をチェックしましょう。

☐ 言いにくいことをすぐに誠意をもって伝えているか？

☐ 大事なメールは受け取り確認を依頼しているか？

☐ 返事の催促では「相手の逃げ道」を用意しているか？

☐ こちらの都合による依頼は低姿勢でお願いしているか？

☐ 無理な依頼は相手の立場で断っているか？

☐ 誘いを断るにはカドが立たないように書いているか？

☐ 相手の間違いをストレートに指摘していないか？

☐ 謝罪のメールでは「原因と対策」を明確にしているか？

☐ 苦情のメールを送るなら冷静に客観的に伝えているか？

☐ 苦情には相手が納得する理由と対応策を書いているか？

☐ トラブルの報告は状況と解決策を適切に伝えているか？

☐ 仕事が遅れている報告は、理由と対策を明確に書いているか？

☐ 間違いが発覚したときは「正誤」を示しているか？

COLUMN 4

返信が必要なメールを
忘れない方法

　メールの返事を書こうと思っていても、「受信トレイ」の中で埋もれてしまい、遅れたり忘れてしまったりすることがあります。それらを防ぐためには、返信が必要なメールなら、すぐに「返信メール」をつくって保存しておくことをおすすめします。すると「下書き」に保存され、そこに返信するメールを集めておくことができます。

　具体的には、次のようにします（Windows Live メールなどの場合）。

① 返信が必要なメールを選択する
②「返信」をクリックする
③「×」をクリックする
④「このメッセージへの変更を保存しますか？」で「はい」を選択
⑤「下書き」に保存される

●返信が必要なメールは「下書き」に集める

　返事を書くときには、「下書き」に移り、メールをダブルクリックします。そして返事を書き、「送信」します。

第5章 ワンランク上のていねいなメールの書き方

rule 55 ［気をつかう相手には さらにていねいに］

　メールは手紙と同じくらいにていねいに書く必要はありません。これまで見てきたように普通に書けば十分です。しかし、初めてメールする相手など、とくに気をつかいたい相手には、ワンランク上のていねいな書き方を意識しましょう。

■**普通の書き方**

- ▶日実商事の田中です。　　　　　　　　　　➡
- ▶ご回答ありがとうございました。　　　　　➡
- ▶返事が遅れまして、申し訳ありません。　　➡
- ▶ご依頼の見積書をお送りします。　　　　　➡
- ▶ご確認をお願いします。　　　　　　　　　➡
- ▶メールを見ました。　　　　　　　　　　　➡
- ▶ご提案書を受け取りました。　　　　　　　➡
- ▶この件について質問があります。　　　　　➡
- ▶詳細は添付ファイルを見てください。　　　➡
- ▶お手数ですが、至急ご回答いただけますか。➡
- ▶質問がありましたら、ご連絡ください。　　➡

　普通に「です・ます調」で書けば、ていねいになります。たいていの場合は、失礼にあたることはありません。

　初めてメールする相手や社長、部長、大学教授などとくにていねいに書きたい相手には、次のような書き方にします。

お願いします

お願い申し上げます

普通　　　　　　　ワンランク上

■ **ワンランク上のていねいな書き方**

▶日実商事の田中でございます。
▶ご回答いただき誠にありがとうございました。
▶ご返事が遅れまして、誠に申し訳ございません。
▶ご依頼のお見積書をお送りいたします。
▶ご確認をお願い申し上げます。
▶メールを拝見いたしました。
▶ご提案書を拝受いたしました。
▶この件について質問がございます。
▶詳細は添付ファイルをご覧ください。
▶お手数ではございますが、至急ご回答いただければ幸いです。
▶質問がございましたら、お問い合わせください。

rule 56 [回答期限はていねいに伝える]

　ビジネスのメールでは、ていねいであれば回答期限ははっきりと指定してもかまいません。「お時間のあるときに」や「いつでも結構」というのは無責任で、大切な用件ではないという印象を与えてしまいます。また、相手まかせになるので、かえって自らのストレスを増やし、相手にも余計な負担を与えてしまいます。

悪い▶ お返事はお時間のあるときで結構です。
　　　　　⬇
良い▶ 誠に恐れ入りますが、10月15日（金）までに
　　　　　ご返事をいただきたくお願い申し上げます。

▶ お忙しいと思いますので、ご返信はいつでも結構です。
　⬇
▶ ご多用のところ恐縮ですが、ご返信は9月30日（木）の午後1時までにいただければ幸いです。

▶ 今週中に、ご返事をいただければ幸いです。
　⬇
▶ 今週の19日（火）までに、ご返事をいただければ幸いです。

　日付や時間は具体的に書き、「今週中」などあいまいな表現は避けるべきです。

rule 57 [短いメールでも ていねいな表現を]

いつもメールをやりとりしている取引先やすぐ近くの席の上司などにメールを送る場合には、簡単でぞんざいな書き方になりがちです。「親しき仲にも礼儀あり」ではありませんが、短いメールでも、ていねいな表現を使いましょう。

悪い▶ お世話になっております。
お見積書です。
よろしくお願いします。

↓

良い▶ お世話になっております。

ご依頼のありましたお見積書です。
Excel のファイルを添付します。

まずは、用件のみにて失礼いたします。
よろしくお願いいたします。

親しき仲にも
礼儀あり

▶ お世話になっております。

　打ち合わせ日時の変更の件、了解しました。
　よろしくお願いします。
　　　　　⬇
▶ お世話になっております。

　打ち合わせ日時の変更の件、確かに承りました。
　それでは３日（火）の午後２時におうかがいいたします。

▶ 田崎課長

　鈴木です。
　データをお送りします。
　ご確認ください。
　　　　　⬇
▶ 田崎課長

　お疲れさまです。鈴木です。
　ご依頼のデータをお送りします。
　ご確認、よろしくお願いいたします。

　短いメールを送った後、上司が近くにいるなら「データを送りましたので、ご確認願います」と口頭でも伝えましょう。職場ではメールと口頭の両方で伝えるのが有効です。メールは記録が残る利点があり、口頭はコミュニケーションを迅速かつ円滑にします。

rule 58 ［今日中に結論が出せなくても「確認」のメールは送る］

　ビジネスのメールでとくに困るのが「返信が遅い」ことです。待っている側に不安や不信感がつのります。行き違いなどのトラブルになることもあります。今日中に結論が出せない場合は、とりあえず受け取り確認のメールを送りましょう。いつなら結論が出せるかを考えて、日時を明記すると親切でていねいです。

例▷　メールを拝見いたしました。
　　　この件につきましては社内で確認いたします。
　　　明日（3日）には回答いたします。

例▷　企画書ありがとうございました。
　　　社内で検討いたしますので、数日の猶予を
　　　いただければ幸いです。
　　　15日までには、ご返事いたします。

例▷　ご提案をいただき誠にありがとうございます。
　　　営業会議が今月末（30日）に開かれます。
　　　そこで結論が出る予定です。
　　　結論が出しだいご連絡いたします。

　回答の期日は確実にわかったうえで伝えましょう。期日になっても回答のメールを送らないと信用を失います。

rule 59 [「お世話になっております」だけでは芸がない]

冒頭のあいさつには「お世話になっております」がよく使われますが、いつもそれだけではそっけない印象を与えてしまいます。状況により、メールの文章をお礼などで始めてみるのもいいでしょう。ていねいな感じがして好感が持たれます。

■お礼で始める

相手から返事があった、資料を送ってもらった、打ち合わせに来てもらったという場合は、お礼で始めると相手にその気持ちが伝わります。

▷ さっそくのご返事ありがとうございました。
▷ 資料をお送りいただきありがとうございます。
▷ 昨日はご足労いただきありがとうございました。

■相手をねぎらう

いつも一緒に仕事をしている相手には、ねぎらいの言葉を伝えると効果的です。

▷ いつもお心づかいいただきありがたく思います。
▷ いつもおかげで助かっています。
▷ 昨日は大変お疲れさまでした。　←上司や取引先
▷ いつもご苦労さまです。　←部下

一緒に仕事をした相手をねぎらう場合は「お疲れ様（さま）」だと、上下の関係なく使えます。「ご苦労様（さま）」は上司から部下に、目上から目下に言うものです。部下や目下から言っては失礼にあたるので要注意です。

> **悪い▶** 高田部長、昨日は遅くまでご苦労さまでした。
> ↓
> **良い▶** 高田部長、昨日は遅くまでお疲れさまでした。

　また、ねぎらいの言葉を感謝の言葉に変えてもいいでしょう。

▶ 高田部長、昨日は遅くまでありがとうございました。

■相手の近況や健康をうかがう
　人事異動などで相手の仕事環境が変わった場合や、久しぶりにメールを出す場合は、近況や健康をうかがうのもいいでしょう。

▷ 新しい環境はいかがでしょうか？
▷ 新しい職場には慣れましたでしょうか？
▷ 大変ごぶさたしておりますが、お元気のことと存じます。
▷ お久しぶりですが、その後いかがお過ごしでしょうか？

rule 60 [お願いの前には必ず「恐縮」すべし]

　メールでお願いごとをする場合は、つい自己中心的になりがちです。相手の立場を考え、「恐縮ですが」のようなやわらげる表現を使うと相手にやさしく響きます。

■恐縮ですが

悪い▶	こちらにも都合がありますので、至急ご返事ください。
良い▶	恐縮ですが、本日中にご返事いただければ幸いです。

　相手にお願いする場合は、自分の都合を一方的に伝えてはいけません。「至急」もきつい印象を与えますので、「本日中」や「○日までに」と書きます。「恐縮ですが」の代わりに、「恐れ入りますが」「できましたら」を使うこともできます。

▷ ご多用のところ恐れ入りますが、ご検討いただきますようお願い申し上げます。

　「お忙しいところ恐れ入りますが」という表現もありますが、「忙しい」は「仕事に追いまくられている」印象がします。「ご多用」のほうがおすすめです。相手が仕事をバリバリこなしているような感じがします。

■勝手を言って申し訳ありませんが

> 悪い▶ 時間は3日（金）の午後2時以降でお願いします。
>
> ↓
>
> 良い▶ 勝手を言って申し訳ありませんが、時間は3日（金）の午後2時以降でお願いできれば幸いです。

■ご無理を申し上げますが

> 悪い▶ 納期が早まり、3月31日（木）までにお願いします。
>
> ↓
>
> 良い▶ ご無理を申し上げますが、期限が早まりましたので、納期は3月31日（木）までにお願いできればと存じます。

■お手数をおかけしますが

> 悪い▶ この件について、ご回答願います。
>
> ↓
>
> 良い▶ お手数をおかけしますが、この件についてご回答いただければ幸いです。

■ご足労ですが

> 悪い▶ 弊社までお越し願います。 ➡
> 良い▶ ご足労ですが、弊社までお越しいただけますでしょうか？

第5章 ワンランク上のていねいなメールの書き方

rule 61 ［初めてのメールは「信用第一」で］

ビジネスは信用第一です。初めてメールを出す場合は、相手から信用が得られるように、自分の素性とメールの目的を明確に書きましょう。繰り返しになりますが、「宛名→あいさつ→自己紹介→経緯→本題→結び」の流れで書き、ていねいな表現を心がけます。

初めてのメール

株式会社 三光企画
営業部課長 木村幸介様

初めてメールをお送りいたします。
株式会社メディアツールの企画部の進藤和夫と申します。
日実商事の島田昭夫営業課長からご紹介いただきました。

実は、当社主催のセミナーにてご講演をお願いしたく、ご連絡を差し上げた次第です。セミナーの内容は次のとおりです。

(中略)

ご多用のところ誠に恐縮ですがご検討のほど、よろしく
お願い申し上げます。

(署名 省略)

■宛名

　宛名は、社名、部署、肩書き、氏名をきちんと書きます。印象を良くし、かつ相手は自分宛のメールだと確認することができます。部署や氏名がわからないときには、「営業部御中」「広告御担当者様」「書籍御担当者様」などと書きましょう。

■あいさつ

▷ 初めてメールをお送りいたします。
▷ 突然のメールになり、失礼いたします。
▷ 突然のメールをお送りする失礼を
　お許しください。
▷ はじめまして。株式会社メディアツール企画部の
　進藤和夫と申します。
▷ このたびはお世話になります。

　初めての人に対しては、まだお世話になっていないので「このたびはお世話になります。」と書くといいでしょう。

■自己紹介

▷株式会社メディアツールの企画部課長　川崎幸雄と申します。
▷盛夏出版社　第一書籍部で書籍の編集を担当しております
　鈴木春夫と申します。

　相手の信用を得るために、正式な社名・所属・氏名を書き、自分が「どこのだれ」であるかを正しく伝えます。たとえ、だれもが知っている有名企業であっても、省略して書いてはいけません。

■**経緯**

▷ 貴社のホームページを拝見して、メールをお送りしました。
▷ 月星サービスの佐藤さんからのご紹介でメールを差し上げました。

どのように相手のことを知り、メールアドレスがわかったのかなど、メールを書くに至った経緯を書くと相手は安心します。次のように自己紹介と経緯を一緒に書いてもいいでしょう。

例1▷ 先日、交流会に参加した日実商事の
田中一郎と申します。

例2▷ 以前、懇親会で名刺交換をさせていただいた
メディアプロの進藤和夫です。

■**本題**

例3▷ 実は、当社主催のセミナーでご講演をお願いしたく
ご連絡を差し上げました。

例4▷ 弊社の新刊について書評をお願いできればと思い
ご連絡いたしました。

本題で、「何が目的なのか」を明確に伝えます。そして相手が知りたい情報を詳しく書き込むと、相手は「何をどうしたらいいのか」を判断しやすくなります。上記の例3では、セミナーの内容、

意図、対象者など、例4では新刊の内容や著者の略歴などです。

■結び

最後に相手にどうしてほしいかをきちんと、ていねいに伝えます。

> **例5▷** ご検討のほど、よろしくお願い申し上げます。
> 後日、こちらからご連絡申し上げます。

> **例6▷** ご多用のところ誠に恐縮ですが、ご返事をいただけると幸いです。

■署名

署名は、シンプルなものではいけません。必ず標準的なものをつけましょう。相手に信頼感を与えることが重要です。

```
================================================
進藤和夫 < kazuo-shindo@mediatool.co.jp >
株式会社メディアツール 企画部
 〒160-0023 東京都新宿区西新宿○-○-○
電話 (03) 6868-○○○○  FAX (03) 6868-××××
================================================
```

rule 62 　敬語は正しく使えないと意味がない

　敬語を使うとていねいになりますが、間違った使い方が多く見られます。敬語は正しく使えないと、意味が正しく伝わらなかったり、おかしな表現になったりして、かえって失礼です。

■間違えやすい敬語、言い方に注意

　メールでよく書く文章は間違えやすい敬語などに注意しましょう。

悪い▶　5日（水）の午前10時から**でいいですか？**
良い▶　5日（水）の午前10時から**よろしいでしょうか？**

▶　販促プランのことで、少々**聞きたいのですが。**　➡
▶　販促プランのことで、少々**おうかがいしたいのですが。**

▶　添付の資料を**見てください。**　➡
▶　添付の資料を**ご覧ください。**

▶　報告書は**見ていただけましたでしょうか？**　➡
▶　報告書は**ご覧いただけましたでしょうか？**

▶　資料を**拝見されて、いかがでしたか？**　➡
▶　資料を**ご覧いただいて、いかがでございましたか？**

- ▶ 課長が言っていたことですが……　➡
- ▶ 課長がおっしゃったことですが……

- ▶ 次回の打ち合わせには、私もご一緒します。　➡
- ▶ 次回の打ち合わせには、私もご一緒させてください。

- ▶ 時間変更の件を知りませんか？　➡
- ▶ 時間変更の件をご存じないでしょうか？

- ▶ この件で会いたいのですが、　➡
- ▶ この件でお目にかかりたいのですが、

- ▶ 今回は私が行きます。　➡
- ▶ 今回はこちらからおうかがいいたします。

- ▶ 皆様によろしく申し上げてください。　➡
- ▶ 皆様にどうぞよろしくお伝えください。

- ▶ この件を部長にも伝えておいてください。　➡
- ▶ この件を部長にもお伝えいただけないでしょうか。

- ▶ 担当の方をご紹介してください。　➡
- ▶ 担当の方をご紹介いただけないでしょうか。

■ 「れる・られる」は使わない

　「れる・られる」は尊敬語として使われますが、「受け身」や「可

能」の意味に取られがちです。誤解されやすい表現をわざわざ使うことはありません。

以下の悪い例は「受け身」の意味に取られます。

悪い▶ 書類を調べられましたか？
　　　　　↓
良い▶ 書類をお調べになりましたか？

▶ 主任は、どう思われますか？　➡
▶ 主任は、どのようにお考えですか？

▶ 課長は見られましたか？　➡
▶ 課長はご覧になりましたか？

以下の悪い例は「可能」の意味に取られます。

▶ セミナーに出られますか？　➡
▶ セミナーに出席なさいますか？

▶ 部長も行かれますか？　➡
▶ 部長もいらっしゃいますか？

■「動詞＋です」「形容詞＋です」は使わない

「です」はていねい語ですが、名詞の末尾だけにつきます。つまり「名詞＋です」が正しい使い方です。

▷ これはたいへん難しい問題です。

「動詞＋です」や「形容詞＋です」は不適切な表現です。使わないようにしましょう。

> **悪い▶** ひとつ問題があったです。
> ⬇
> **良い▶** ひとつ問題がありました。

▶ とくに質問はないです。　➡
▶ とくに質問はありません。

▶ この企画はおもしろいです。　➡
▶ この企画はおもしろいと思います。
　これはおもしろい企画です。

▶ 昨日はほんとうに楽しかったです。　➡
▶ 昨日はほんとうに楽しゅうございました。
　昨日はほんとうに楽しく過ごしました。

■ 謙譲語「いただく」は尊敬語「くださる」に直す

「いただく」は目下の人が目上の人から何かを受けることを表現する謙譲語です。上下の方向が逆になった間違いをよく見かけます。相手に対する尊敬語「くださる」に直すと、正しくなります。

次ページの悪い例では、「ご理解いただく」「ご協力していただく」「ご参加いただく」のは"自分"なので適切ではありません。

相手を尊敬する「くださる」を使いましょう。

悪い▶ ご理解いただきますようお願い申し上げます。
　　　　　　　　　　↓
良い▶ ご理解くださいますようお願い申し上げます。

悪い▶ ご協力していただいた皆様に感謝申し上げます。
　　　　　　　　　　↓
良い▶ ご協力くださいました皆様に感謝申し上げます。

悪い▶ ご参加いただきましたお客様にお知らせいたします。
　　　　　　　　　　↓
良い▶ ご参加くださいましたお客様にお知らせいたします。

次の例の「いただく」は、謙譲語として正しい使い方です。

▷ ご回答いただき誠にありがとうございました。
▷ 昨日は、ご来社いただきお礼申し上げます。

■「お」と「ご」の使い分けを間違えない

　尊敬語の「お」と「ご」は間違えやすいものです。「お」は和語、「ご」は漢語につくという原則がありますが、例外も多くあります。
　次の□の中には「お」と「ご」のどちらを入れたら適切でしょうか？

▷課長の□考えをおうかがいしたいと思います。
▷詳しく□説明いたします。
▷□力添えをお願い申し上げます。
▷□返事が遅くなり、申し訳ございません。

　正解は「お考え」「ご説明」「お力添え」「ご返事」または「お返事」です。和語「考え」には「お」、漢語「説明」には「ご」がつきます。漢語で例外なのは「お電話」「お名刺」「お元気」などです。日常生活にすっかりなじんだものは「お」がつく傾向にあります。
　メールでよく使う「返事」は、「お」「ご」のどちらでもよく、家庭では「お返事」、社交の場では「ご返事」がよく使われます。ビジネスのメールでは「ご返事」のほうがいいでしょう。

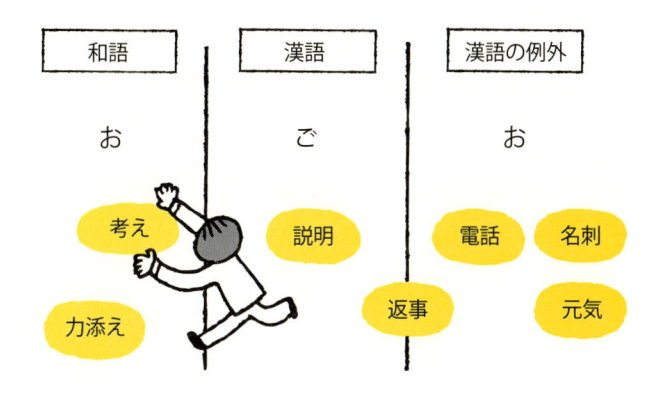

和語	漢語	漢語の例外
お	ご	お
考え	説明	電話　名刺
力添え	返事	元気

rule 63 [目上の人に「了解」は不適切]

　メールでは「わかりました」の意味で、「了解です」「了解しました」とよく使われますが、目上の人に対しては不適切です。「了解」には尊敬の意味が含まれていないからです。「承知しました」など、適切でていねいな表現を使いましょう。

悪い▶	打ち合わせの日時について、了解。
	⬇
良い▶	打ち合わせの日時について、承知しました。

▶ 佐藤様への連絡の件、了解です。　➡
▶ 佐藤様への連絡の件、かしこまりました。

▶ プレゼン資料のご依頼を了解しました。　➡
▶ プレゼン資料のご依頼を承りました。

▶ 打ち合わせ時間変更の件、わかりました。　➡
▶ 打ち合わせ時間変更の件、承知しました。

　良い例は、いずれも目上の人に対して、ていねいで好ましい表現です。なお、同僚や対等の人、目下の人に対しては「了解」を使ったほうがいいでしょう。ストレートできびきびした感じが出ます。

rule 64 「させていただきます」は「いたします」に直す

「させていただきます」は、自分をへりくだるのでていねいに感じますが、相手から「許可」と「恩恵」を受ける場合に使う表現です。そうでない場合は「いたします」を使うのが適切です。

次の例では「させていただく」は不適切です。「許可」や「恩恵」を得てするものではないからです。

> **悪い▶** お問い合わせの件に関して、回答させていただきます。
> ⬇
> **良い▶** お問い合わせの件に関して、ご回答いたします。

▶ 営業部内で検討させていただきます。　➡
▶ 営業部内で検討いたします。

▶ これについては配慮させていただきます。　➡
▶ これについては配慮いたします。

▶ また、ご連絡させていただきます。　➡
▶ また、ご連絡いたします。

▶ 別の担当者をご紹介させていただきます。　➡
▶ 別の担当者をご紹介いたします。

第5章　ワンランク上のていねいなメールの書き方

次のように内容によっては、「させていただく」は自分勝手で押しつけがましい感じを相手に与えます。

▶ 私の考えを述べさせていただきます。　➡
▶ 私の考えを申し上げます。

▶ 企画部の者から提案させていただきます。　➡
▶ 企画部の者から提案させます。

　「させていただきます」と書こうというときは、一度立ち止まって考えて、「いたします」など他に適切な表現がないかを探してみましょう。ただし、次のようにとりわけ謙虚な姿勢を表現する場合は、「させていただく」を使っても問題はありません。

▷ この企画を提案させていただきます。
▷ よろこんで出席させていただきます。
▷ 部長のやり方に従わせていただきました。

rule 65 「〜したく」の使い方をマスターする

メールでは「〜したいと思い」「〜したいので」と使いがちです。それよりも「〜したく」を使いましょう。よりていねいで、しかもすっきりした書き方になります。

悪い ▶ この点を確認したいと思い、連絡しました。 ➡
良い ▶ この点を確認したく、ご連絡いたしました。

▶ ひと言お礼を申し上げたいので、メールをお送りしました。➡
▶ ひと言お礼を申し上げたく、メールをお送りしました。

▶ 本日は至急のご協力をお願いしたいと思いメールしました。➡
▶ 本日は至急のご協力をお願いしたく、メールしました。

▶ 当社主催のセミナーでご講演を依頼したいので、
　ご連絡を差し上げました。

⬇

▶ 当社主催のセミナーでご講演を依頼したく、
　ご連絡を差し上げました。

▶ 当社の新製品をご紹介したいので、ご連絡申し上げます。 ➡
▶ 当社の新製品をご紹介したく、ご連絡申し上げます。

rule 66 ［深夜などにメールを送る場合は、十分配慮をもって］

> メールはいつ送っても相手に迷惑になることはありませんが、原則として相手が仕事をしている時間帯に送るべきです。それでも仕事の進行状況によっては、深夜などにメールを送る場合もあるでしょう。その際には、ひと言お詫びを入れる、状況・理由を伝える、日時を明記するといった配慮をしましょう。

夜遅くメールを送る場合の配慮について考えてみましょう。

悪い▶ ポスターの見本ができあがりましたので宅配便でお送りしました。
明日の午前中にそちらに届く予定です。

↓

良い▶ 夜遅くのメールになってしまい、申し訳ありません。

さきほどポスターの見本ができあがりましたのでたった今、宅配便でお送りいたしました。

現在は３日の午後１０時過ぎです。
「明日４日の午前中」にそちらに届く予定です。

このように、お詫び、状況、日時をきちんと書くと、相手は受け入れやすくなります。また、受け取った日を勘違いすることも少な

くなります。

　次の例もそうです。なぜ深夜または早朝に送ったかという理由を書くと、相手は納得します。

> 例▷　夜分のメール失礼します（4日）。
> 　　　5日の午前中は外出予定のため、朝一番でお読みいただきたくお送りいたしました。

> 例▷　これは8日の早朝にお送りしています。
> 　　　海外から届いた情報をいち早くお伝えいたします。

> 例▷　そちらには16日の深夜に届いたと思いますが
> 　　　このメールは現地時間で15日の午後7時過ぎ
> 　　　にお送りいたしました。

　海外出張などで海外から日本にメールを送るときは、時差があるので、このようなひと言があればていねいなメールになります。

11:00 *p.m.* 送信

翌朝 9:00 *a.m.*　受信

夜遅く送る場合は十分配慮する

rule 67 ［メールの転送の際には経緯や目的を伝える］

　自分が受信・送信したメールを他の人に転送する場合は、経緯や目的を伝えましょう。転送文の前に、なぜ転送するのか、相手にどうしてほしいのかといったことを書くと、相手に誤解や不信感を与えることはありません。

悪い▶ セミナーの案内です。

　　　　　↓

良い▶ 次世代ネットに関するセミナーの案内が私の所に届きました。ご興味がおありだと思いますので、転送いたします。

　このように転送の理由を伝えると、相手は抵抗なく受け入れやすくなります。

▶ プレゼンの資料を転送します。
　よろしくお願いいたします。

　　　　　↓

▶ デザイナーからプレゼンの資料が届きましたので転送いたします。ご参考になれば幸いです。

　このように相手にどうしてほしいかを告げると、きちんと読んでくれます。

▶ 新製品に関する問い合わせを転送いたします。

⬇

▶ お客様からの新製品に関する問い合わせを転送いたします。
そちらの部署が適切だと思いますので、お手数ですが、
ご回答をお願いいたします。

　これで一方的に問い合わせを押しつけたという感じがなくなります。この担当者もすんなり受け入れられるでしょう。
　また、以下のように注目して読んでもらいたいポイントや自分の感想や解説などを簡単につけ加えておくと、さらにていねいになります。

> 例▷ 高機能携帯電話スマートフォンの記述が注目です。

> 例▷ プレゼン資料のうち、Excel の表がやや見にくいと感じました。

　転送で注意したいのは、第三者に転送しても問題ない内容かを確認することです。迷ったら送り主に了解を得ましょう。
　また、そのままの文章を送り、手を加えないことです。内容を変えると事実が歪み、誤解を生み、元の送信者に迷惑をかけることになります。

第5章のまとめ

　メールは「です・ます」調で、普通に書けばていねいになります。しかし、依頼のメールや初めてのメールなど、メールの内容と相手によっては、ワンランク上のていねいな書き方が望まれます。次の点をチェックしましょう。

□気をつかう相手にはさらにていねいな書き方をしているか？

□回答期限はていねいに伝えているか？

□短いメールでもていねいな表現を使っているか？

□今すぐ結論が出せなくても「確認」のメールは送っているか？

□冒頭のあいさつは「お礼」や「ねぎらい」になっているか？

□お願いの前には「恐縮」した態度を表わしているか？

□初めてのメールは「信用第一」を考えて書いているか？

□敬語は正しく使っているか？

□目上の人には「了解」ではなく「承知」を使っているか？

□「させていただきます」は考えて使っているか？

□「〜したく」の使い方をマスターしているか？

□深夜などにメールを送るなら配慮をもって書いているか？

□メールの転送の際、経緯や目的を伝えているか？

COLUMN 5

迷惑メールの厳禁3カ条

　迷惑メールはいくら対策を施しても、必ずどこからかやって来るものです。迷惑メールが届いたら安全対策の面で絶対にしてはいけないことがあります。それは次の3つです。

① プレビュー画面で表示する
　HTML形式のメールではプレビューするだけで、ウイルスに感染したり、自分のメールアドレスが有効だと特定されたりします。安全なファイル以外はプレビューしないことです。または、「テキスト形式で読み取る」ようにします（Windows Liveメールなどの場合）。

1.「ツール」→「オプション」→「読み取り」
2.「□メッセージはすべてテキスト形式で読み取る」にチェック

② 配信停止のリンクをクリックする
　「このメールが不要な方は下記から登録を解除してください」と書いているメールがあります。それに従って解除を絶対にしてはいけません。登録が解除されることはなく、あなたのメールアドレスが有効であると確認されます。余計に迷惑メールが増えることになります。

③ 広告のリンクをクリックする
　出会い系や格安商品などの広告を見てリンクをクリックしてはいけません。高額なお金を請求されたり、詐欺にあったり、ウイルスに感染したりします。

第**6**章

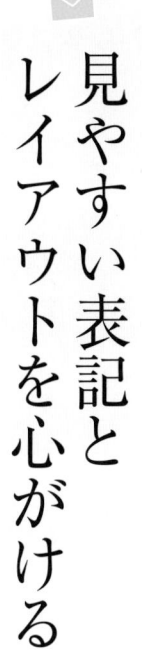

見やすい表記とレイアウトを心がける

rule 68 [1行は25文字くらいが適当]

　メールの文章を読みやすくするためには意識的に改行することです。改行のない文章が長く続くと、読みづらく、要点がうもれてしまいます。返信時に変なところで改行されてレイアウトが乱れたり、たび重なる引用で引用符が何重にもついて行が長くなったりすることもあります。1行の長さは、25文字くらいで改行するのが適当です。

悪い▶ 資料などをお送りいただきありがとうございました。今回の企画を前向きにご検討いただき嬉しく思います。この企画はビジネスパーソンが対象ですので、製品化すればかなりニーズがあると思います。

⬇

良い▶ 資料などをお送りいただきありがとうございました。
今回の企画を前向きにご検討いただき嬉しく思います。
この企画はビジネスパーソンが対象ですので、製品化
すればかなりニーズがあると思います。

　このように25文字くらいで改行を入れると、すっきりとして読みやすくなります。句読点は文の途中ではつけて、文末ではつけずに改行だけします。また、改行位置をある程度そろえると非常に読みやすくなります。

rule 69 [1つのブロックは2〜5行とし ブロック間は1行空ける]

　文字がいっぱいつまったメールは、読みづらく相手の負担が大きくなります。関連ある内容を2〜5行くらいで1ブロックとしてまとめましょう。ブロックの前後は1行空白を空けると読みやすくなります。

悪い▶ いつもお世話になっております。日実商事の田中です。
新製品の販促に関する打ち合わせの内容についてご連絡します。下記のように決まりましたので、ご確認ください。
まずは、新製品のコンセプトを明確にし、次にターゲットを絞り込みます。そして、いかにターゲットにアピールするかを考えます。

⬇

良い▶ いつもお世話になっております。
日実商事の田中です。　←2行

新製品の販促に関する打ち合わせの内容について
ご連絡いたします。　←3行
下記のように決まりましたので、ご確認ください。

- 新製品のコンセプトを明確にします。
- ターゲットを絞り込みます。　←3行
- いかにターゲットにアピールするかを考えます。

第6章　見やすい表記とレイアウトを心がける

rule 70 ［要点が複数ある場合は、見出しをつける］

　だらだらと長いメールは要点がわかりづらく、相手の読む気を失わせます。内容をグループ分けして、「見出し」をつけましょう。

■**質問が3つある場合**

原稿作成にあたり、質問が3つあります。

1　原稿のページ数に関して
　　原稿のページ数は、だいたい何ページくらいが適当と
　　お考えでしょうか？

2　原稿の締め切りに関して
　　原稿はいつごろまでにお渡しすれば良いでしょうか？
　　おおまかな期限をお知らせください。

3　原稿のお渡し方法に関して
　　原稿はメールでお送りすればよろしいでしょうか？
　　＊Word文書とPDFのどちらでも作成することができます。

　質問がいくつかある場合は質問を「見出し」にすると効果的です。次ページの例は、内容をグループ分けし、見出しをつけたものです。

悪い▶ 販促パンフレットの内容については、とくに重視したのはカタカナ語や省略語を使わないようにしたことです。対象者の多くが中高年・シニア層ですので、わかりやすい言葉を使うようにしました。

デザインについては、親しみやすさを第一に考えました。写真やイラストを数多く取り入れて、パッと見てわかるように工夫しました。また、文字サイズも普通よりも大きくしました。納期については制作期間が2ヶ月かかりますので、5月27日（木）あたりを見込んでいます。

⬇

良い▶ ●内容について

　　販促パンフレットの内容について、とくに重視したのはカタカナ語や省略語を使わないようにしたことです。対象者の多くが中高年・シニア層ですので、わかりやすい言葉を使うようにしました。

●デザインについて

　　デザインについては、親しみやすさを第一に考えました。写真やイラストを数多く取り入れて、パッと見てわかるように工夫しました。また、文字サイズも普通よりも大きくしました。

●納期について

　　納期については制作期間が2ヶ月かかります。5月27日（木）あたりを見込んでいます。

rule 71 [箇条書きと字下げを活用する]

打ち合わせの日時や内容など重要な項目は、箇条書きと字下げを上手に活用しましょう。ひと目でわかり、誤解を与えることなく、後ですぐに確認できて便利です。

悪い▶ 打ち合わせの日時ですが、4月5日（月）の午後2時から3時30分までで、場所は当社会議室です。内容は新製品のコンセプトを確認し、ターゲットを決め、セールスポイントを確立することです。

⬇

良い▶ 打ち合わせの日時・場所・内容は次のとおりです。

■日時・場所
　日時：4月5日（月）午後2時～3時30分
　場所：当社会議室

■内容
　1　新製品のターゲットを決定
　2　新製品のセールスポイントを列挙
　3　新製品のネーミング候補を決定

このように箇条書きと字下げをしたことで、格段に読みやすくなり、わかりやすくなります。

rule 72 　漢字をあまり多く使わない

　メールで漢字を多く使いすぎると、堅苦しく、読みづらい文章になりがちです。ひらがなを意識的に使うことで、やわらかい読みやすい文章になります。かな漢字変換をすると漢字に変換されることが多く、全体のバランスをよく考えてメールを書きましょう。

原文▶　この度は、ご丁寧なメールを頂きまして誠に
有り難う御座いました。（中略）

本来ならば御挨拶に伺うべきところですが
失礼をお許し下さい。（中略）

先ずは、御礼申し上げます。
今後とも宜しくお願い致します。

↓

改善▶　このたびは、ごていねいなメールをいただきまして
誠にありがとうございました。（中略）

本来ならばごあいさつにうかがうべきところですが
失礼をお許しください。（中略）

まずは、お礼申し上げます。
今後とも、よろしくお願いいたします。

第6章　見やすい表記とレイアウトを心がける

rule 73 ［記号や罫線を使って見やすくする］

> メールを読みやすくするには、見出しや箇条書きの先頭に「記号」を使うと効果的です。また、重要な部分は「罫線（けいせん）」で区切るといいでしょう。ただし、あまり派手になると逆効果です。

■懇親会などの開催要領

▷ 今回の異業種懇親会ですが、次のように決定しましたので皆様のご参加をお待ちしております。

```
==============================================
           【 第3回 ビジ・ミックス異業種懇親会 】

●日時：　9月15日（水）午後6時から

●場所：　リストランテ・フジタ
　　　　　東京都中央区銀座○-○-○
　　　　　＊銀座○丁目角地の裏
　　　　　電話（03）3987-○○○○

●費用：　＠5,000円（料理、飲み放題込み）
==============================================
```

■日時を決める候補

▷ 次のうち、ご都合の良い日時をお選びください。

- 9月14日（火）　午前１０時から
- 9月15日（水）　午後　２時から
- 9月17日（金）　午後　３時から

　メールで用いる記号は「・■●▼◆★『』「」【】」など、罫線は「-----」や「=====」などが適当です。

　「？」は質問のときに使ってもかまいません。「！」での強調は、親しい相手に対してならいいでしょう。

　「…」（３点リーダー）は、半角中点なので機種によっては文字化けします。使わないほうがいいでしょう。全角の「・・・」（ナカグロを３つ）なら大丈夫です。

　なお、絵文字はビジネスのメールでは厳禁です。

第6章　見やすい表記とレイアウトを心がける

rule 74 [ケータイとのやりとりは書き方に注意]

ビジネスでも、パソコンと携帯電話（ケータイ）間でメールのやりとりをすることもあります。そのようなときは、相手の状況や機種の特性を考え、書き方にも注意が必要です。

■ **パソコンからケータイに送るとき**

▷ **件名**：打ち合わせ時間変更

日実商事　田中様　　←改行
メディアプロの進藤です。←改行
急で申しわけありません。
打ち合わせ時間が1時から　←この3行は1行で書くとケータイでこのように表示
3時に変更になりました。
よろしくお願いいたします。←改行

件名も本文も文字数を少なくして、内容をコンパクトにまとめましょう。宛名、自分の社名・名前を書くと、相手は自分宛にだれから届いたかがすぐにわかります。相手がアドレス帳に登録していなければメールアドレスしか表示されないことを覚えておきましょう。

宛名、自分の社名・名前、意味のまとまった文章ごとに改行を入れます。それ以外は改行せずに書きます。パソコンと同じように書くと、改行の位置やレイアウトが壊れて読みにくくなるからです。

短いメールにするため、あいさつは省略してもいいでしょう。

　相手のメッセージの引用は、必要がなければやめましょう。必要がある場合でも、要点だけを引用するようにします。署名はシンプルなものか、社名と名字のみにします。ＣＣに相手の会社のアドレスを入れておくと、相手は後で会社でも確認できて便利です。

■ケータイからパソコンに送るとき

▷ 件名：Re: 打ち合わせ時間変更

　　メディアツール 進藤様　←改行
　　日実商事の田中です。　←改行
　　打ち合わせ時間変更の件　←改行
　　３時で承知しました。
　　外出中のためケータイの　←改行
　　メールで失礼しました。

　プライベートのケータイメールではあまり書きませんが、宛名、自分の社名＋氏名は必ず書きましょう。ケータイの画面では文字がたくさんあるように見えても、パソコンの画面では要点だけのそっけないメールになることもありますが、ケータイからの送信であることを伝えると相手も納得します。パソコンで見やすくなるように意識的に改行しましょう。返事が必要ならば、ケータイのアドレスか会社のアドレスを書いておくと相手は迷いません。

▶ ご返事はこのケータイのアドレスにお願いいたします。

rule 75 ［ビジネスのメールでは HTML形式は避ける］

　ビジネスのメールでは、文字の装飾や画像表示などができる「HTML形式」は避けましょう。文字だけの「テキスト形式」を使うことをおすすめします。そのほうが利点が多いからです。

　「HTML形式」はウェブページの形式と同じで、文字を装飾したり画像を表示できてカラフルなメールになります。しかし、プログラムの一種なのでセキュリティ（安全対策）に問題があります。有効なメールアドレスだと確認されたり、ウイルスやホームページアドレスがうめ込まれて、ウイルス感染やフィッシング詐欺などの被害にあいやすくなります。メールのサイズが大きくなることも難点です。

　メールソフトでよく使われている「Outlook Express（Windows XP）」などでは標準設定は「HTML形式」になっています。「テキスト形式」に設定していない場合は、次のようにして設定しておきましょう。なお、「Windowsメール（Vista）」、「Windows Liveメール（Windows 7）」でも同様に設定できます。

①「ツール」→「オプション」→「送信」タブを選択
②「メール送信の形式」→「テキスト形式」を選択
③「OK」をクリックして完了

rule
76 機種依存文字にも気をつける

> メールでは「機種に依存した文字は使うな」とよく言われますが、相手が同じ機種を使っている場合はかまいません。とくにビジネスではWindowsが主流なので、互いにWindowsを使っていれば丸文字（①や②）などが使えます。Windowsと、Macやケータイとやりとりするときには注意しましょう。

■使ってはいけない機種依存文字の例

▷ 半角のカタカナや半角の句読点
▷ 囲み数字と囲み文字　① ② ③ ㊤ ㊥ ㊦ ㊧ ㊨ など
▷ 省略文字や年号　㈱ ㈲ ㈹ ㍾ ㍽ ㍼ など
▷ ケータイの絵文字

■使っていい文字の例（全機種共通）

▷ 半角の英数字と記号
▷ 全角の英数字と記号
▷ ひらがなと全角カタカナ
▷ 全角の記号文字　『 』「 」【 】■ ● ▼ など

相手の機種を確認するには、受信メールの「プロパティ－詳細」で、メールソフト名を示す「X-Mailer」などを見ればWindowsかMacかがわかります。

rule 77 海外への送信は文字コードに注意する

> メールを海外に送信する場合は、メッセージが正しく伝わるように適切な文字コードを選ぶなど、注意が必要です。

相手が日本語に対応したメールソフトを使っていない場合、せっかく英文などでメールを書いても文字化けすることがあります。それを防ぐために次の点に注意しましょう。

▷ 送信者名はローマ字にする
▷ エンコードを日本語から西ヨーロッパ言語（ISO）などに変える
▷ 件名は英文で書く

Windows Live メールなどでは、次のように文字コードを変えます。

① 「書式 → エンコード → その他」を選択する
② 次のような文字コードを選ぶ

▷ 西ヨーロッパ言語（ISO）
▷ Unicode（UTF-8）

ISO（アイエスオー／イソ）は国際標準化機構のことで、国際共通文字コードを定めています。Unicode（ユニコード）は世界の主要な言語をカバーしているので、迷ったらこれを選びましょう。

第6章のまとめ

　メールは見やすくわかりやすいのが第一です。相手が読みやすい表記とレイアウトにいつも気を配ることです。次の点をチェックしましょう。

□1行は25文字くらいで改行しているか？

□1ブロックは2〜5行とし、ブロック間は1行空けているか？

□要点が複数あるなら見出しをつけているか？

□箇条書きと字下げを活用しているか？

□漢字をあまり多く使っていないか？

□記号や罫線を使って見やすくしているか？

□ケータイとのやりとりは書き方に注意しているか？

□HTML形式ではなくテキスト形式にしているか？

□機種依存文字にも注意しているか？

□海外への送信は文字コードを変えているか？

COLUMN 6

受信メールを
うまく整理するには？

「打ち合わせの時間変更のメールが届いていたのに見落としていた」。こうした1通のメールの見落としがビジネスではトラブルを招きかねません。受信メールの整理は、ビジネスパーソンにとって必須です。ここでは2つの整理方法を紹介しましょう。

① **受信メールの目的別フォルダーをつくり、手作業で仕分けする**
・「返信」（返信が必要）
・「作業」（企画書を書くなどなんらかの作業が必要）
・「保留」（返信待ち、懸案事項など）
・「保存」（のちに検索・参照するもの）

メールをプレビューして内容を読んだ後に、ドラッグ＆ドロップして各フォルダーに振り分けます。これで「受信トレイ」がすっきりします。

② **受信メールを「社内」「社外」「情報」に自動仕分けする**
「社内」（社内から届いたメール）、「社外」（社外から届いたメール）、「情報」（メールマガジンなどの情報メール）のフォルダーをつくります。届いたメールを選択して、次のようにして自動仕分けができます（Windows Live メールの場合）。

1 「アクション」→「メッセージからルールを作成」
2 相手のアドレスなどを判断して「指定した移動先」を設定

付録1

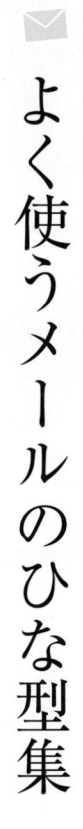

よく使うメールのひな型集

✉ お礼のメール

件名：○○○のお礼

お世話になっております。

このたびは○○○の件で、○○○いただきまして
ありがとうございます。
(または　おかげさまで○○○することができました。)
ご多用のところ、お心づかいに感謝しております。

まずは、お礼を申し上げます。
(または　まずは、お礼かたがたご報告申し上げます。)

　お礼のメールでは、何に対する感謝かを書くことが重要です。

> 例▷　このたびは○○○社の□□様をご紹介いただきまして
> 　　　ありがとうございました。

> 例▷　先日は昼食をご一緒させていただき
> 　　　ありがとうございました。

　お礼は早めに出すように心がけましょう。「取り急ぎ」は急いで書いた感じを与えますので、「まずは」のほうが適切です。

✉ 送付案内のメール

件名：〇〇〇送付のご案内

お世話になっております。

本日、〇〇〇を郵送（宅配便）でお送りいたしました。
（または　本日、契約書に署名・捺印して郵送いたしました。）
〇日（の午前中）には、そちらに届くと思います。

ご査収のほどよろしくお願いいたします。
なお、ご不明な点がありましたら、ご一報ください。

まずは、用件のみにて失礼いたします。

請求書や資料などを郵便や宅配便で送る場合の書き方です。「査収」とは、品物や書類などをよく調べて受け取ることです。「よろしくご査収願います」という表現もよく使われますが、適切でないと考える人もいます。上記の書き方をおすすめします。

宅配便の場合は、業者名、電話番号、ホームページ・アドレス、伝票番号といった問い合わせに必要な情報を書いておくと親切です。配達が遅れた場合など、相手に確認することができます。

📧 催促のメール

> **件名：○○○（のメールに）ついて**
>
> いつもお世話になっております。
>
> ○○○の件で、□月△日にメールをお送りいたしました。
> ご覧いただきましたでしょうか？
>
> もし、届いていないようでしたら、お手数ですがその旨を
> お知らせください。
>
> ご多用のところ恐縮ですが、ご確認いただければ幸いです。
> よろしくお願いいたします。

　相手からなかなか返事が来ないときの催促のメールです。「ご返事いただいておりませんが、どうしてでしょうか？」といった相手を非難する表現は避けましょう。「ご覧いただきましたでしょうか？」が無難です。

📩 日程変更の依頼のメール

件名：○○○の日程変更のお願い

お世話になっております。

○○○の件で、日程の変更をお願いしたく
メールを差し上げました。

○月○日（△曜日）の午前□時からの予定
でしたが、次の日時に変更することは可能
でしょうか？

- ○月○日（△曜日）　午前□時から
- ○月○日（△曜日）　午後□時から

急な変更のお願いで、申し訳ありません。
こちらの都合で、大変勝手で恐縮ですが
ご検討のほどよろしくお願い申し上げます。

　こちらの都合で日程の変更を依頼するメールです。このときも候補をあげましょう。「変更をお願いします」ではなく、自分の立場をかんがみて変更の「可能性」をうかがうのがポイントです。

📧 会議開催の連絡のメール

件名：○○○会議のご案内

○○○の会議についてのご案内です。
次の要領で開きますので、皆様ご準備のうえ
ご参加くださいますようお願いいたします。

1　目的
　　新製品のキャッチフレーズの決定
2　日時
　　○月○日（△）午後□時から
3　場所
　　○○○会議室
4　議題
　　・新製品の特長
　　・新製品の顧客層
　　・特長を顧客層にアピールするフレーズ
5　準備
　　新製品の特長と顧客層をしっかりと把握して
　　キャッチフレーズの案を最低3つは用意する。

　会議の連絡のメールでは、目的と議題、準備内容を明確に伝えることが重要です。

📧 日時変更の通知のメール

件名：○○○の日時変更のお知らせ

□□部の□□です。

○○○の件について、日時変更のお知らせです。
次のとおり日時（時間）が変更になりました。

＊変更前：○月○日（□曜日）午前□時から
◎変更後：○月○日（□曜日）午後△時から

お間違えのないようにお願いいたします。

　日時の変更は、このように変更前と変更後を対比させて書くとはっきりします。箇条書きが有効です。

✉ 報告のメール1（会議）

件名：〇〇〇会議の結果のご報告

企画部の□□です。

〇月〇日に開催されました〇〇〇〇会議の結果について
ご報告いたします。

1　目的（テーマ）
　　新製品の販促プラン作成

2　参加者
　　営業部：〇〇〇〇　企画部：□□□□

3　結果
　　・決定事項
　　　新製品のターゲット
　　　新製品のセールスポイント

　　・未決事項
　　　新製品のキャッチフレーズ

　会議や打ち合わせの結果の報告は、目的やテーマが何であったか、何が決定されて、決定されていないのかを明確に伝えましょう。

📧 報告のメール2（進捗の遅れ）

> 件名：○○○の進捗の遅れについてご報告
>
> 製作部の□□です。
> ○○○の進捗に遅れが出ているので、ご報告いたします。
>
> 1　現在の状況
> 　　予定（6月25日）より3日遅れています。
>
> 2　理由
> 　　顧客○○社がデザインの一部変更を希望したため。
>
> 3　対策
> 　　急きょ、デザインの一部を変更。
>
> 4　今後の見込み
> 　　製作過程後半のスケジュールを3日短くしますので
> 　　遅れは取り戻せる見込みです。

　仕事の進捗が遅れている場合は、まず今の状況を伝えます。その後、理由と対策を述べます。そして、最後に今後はどうなるという見込みを書きます。

付録1　よく使うメールのひな型集

報告のメール3（トラブル）

件名：○○○のトラブルのご報告

営業部の□□です。
○○○のトラブルについて、ご報告いたします。

1. 内容
    - 事実
      ○○社□□様の名刺の用紙に間違いがあり、
      マット紙のご指定がコート紙で印刷済み
    - 経過（理由）
      営業担当者○○の指定ミス

2. 現在の対応
    刷り直しの作業中で○月□日には完了

3. 今後の対応
    - コート紙で印刷した名刺を無料で提供する
    - お客様に詫び状の中で刷り直した名刺の納期を伝え
      間違って印刷した名刺は無料で送付したと伝える

　トラブルの報告は、どうしてトラブルが起こったのか、という原因を明確に伝えましょう。現在どのように対応中であり、対応したこと、そして今後の対応策を述べます。

仕事の指示のメール

件名：〇〇〇（の提出に）について

企画部の□□です。
〇〇〇について、〇〇〇してください。
（または　新製品の企画書を提出してください。）

1　目的・背景
　　ネット業界も新製品が続々登場
　　我が社も市場のニーズにあった新製品が必要

2　手順
　　企画部全員からアイデアを募集
　　それをもとに企画をまとめる

3　結果
　　Word文書で提出のこと

4　期限
　　〇月△日午後□時まで

　仕事の指示のメールは、内容をできるだけ具体的にはっきりと示すことが重要です。相手には結果を Word の文書や Excel の表で提出すること、プレゼンテーションすることなどを伝えます。

✉ セミナー開催の案内メール

件名：〇〇〇セミナー開催のご案内

いつも大変お世話になっております。
〇〇〇〇社の△△です。

このたび〇〇〇のセミナーを下記の要領で
開催することになりました。

●内容：〇〇〇〇〇〇〇〇〇〇〇
　　　講師：□□□□氏

●詳細：専用ウェブサイトをご覧ください。
　　　http://www.example.〇〇.co.jp/seminar

●日時：〇月〇日（△）午後□時から

●場所：〇〇会館
　　　地図 http://www.example.〇〇.co.jp/map

●会費：〇〇〇円（消費税込み）

皆様のご参加を心よりお待ちしております。
なお、お問い合わせは下記までお願いします。（下記、署名省略）

異動・転勤のあいさつメール

件名：異動（転勤）のごあいさつ

いつも大変お世話になっております。
〇〇商事の△△です。
※
さて、〇日付けで□部署に異動（転勤）
することになりました。
在任中、〇〇さんには大変お世話になり
心よりお礼申し上げます。

今後は同じ部署の□□□□が引き継ぎます。
のちほど、本人から連絡があると思います。

今後とも、変わらぬおつきあいのほど
どうかよろしくお願い申し上げます。

●新しい担当者が書く場合は上記の例の「※以下の文」を差し替え

> 担当者の異動についてご連絡いたします。
> これまでの担当の〇〇は、〇月〇日付けで
> 退社することになりました。
> 私〇〇が新たに担当になります。
> 今後ともご支援のほど、よろしくお願いいたします。

📧 退職のあいさつメール

件名：〇〇〇〇社退職のごあいさつ

いつも大変お世話になっております。
〇〇〇〇社の△△です。

※
本日付けで〇〇社を退職することになりました。
（または　今月末をもって退職することになりましたので
ここにお知らせいたします。）

在職中、〇〇さんには大変お世話になりました。
心より感謝いたします。
ご一緒に仕事ができ、学ぶところが多々ありました。
（または　ご一緒に仕事ができて本当によかったと思います。）

本来ならばおうかがいすべきところですが、
メールでのごあいさつとなり失礼をお許しください。

　転職のあいさつはメールでは正式ではありません。略儀であることを伝えましょう。※の部分については、次のような書き方もあります。

メールでのごあいさつで大変恐縮ですが、
本日付けで〇〇社を退職することになりました。

✉ 昇進・栄転のお祝いメール

件名：○○（役職）ご就任のお祝い

いつも大変お世話になっております。
○○○○社の△△です。

このたびは、○○（役職）にご就任とのこと
ご昇進（栄転）おめでとうございます。
（または　心からお祝い申し上げます。）

□□様のご実績とご人望はだれもが認めるところ
だと日ごろから思っておりました。

これまでにも増してご多忙になられることと存じます。
ご健康に留意なさり、より一層のご活躍をお祈りしております。
（または　新天地におかれましても、ますますご手腕を
発揮されることをお祈りしております。）

メールにて恐縮ですが、お祝い申し上げます。

　相手の実績などをたたえる場合は、「ご精進のたまものと存じます」「ご実績と手腕が認められたうえでのことと存じます」などは当たり前のことなので避けましょう。例文のように、「だれもが認めるところだと日ごろから思っておりました」などと自分の思いとして伝えるといいでしょう。

✉ 歓迎会・送別会・忘年会の案内メール

件名：○○○会のご案内

歓迎会（または 送別会・忘年会）のご案内です。

今年は□□さん、△△さん、○○さんが入社しました。
（または このたび、□□さんが△△に転任されることになりました。）
（または 年の瀬もせまり、今年も残りわずかとなりました。）

つきましては、下記のとおり歓迎会（または 送別会・忘年会）を開くことになりました。

===
- ●日時：○月□日（水）午後△時から
- ●場所：□□□□□□
　　　　電話（03）xxxx - xxxx
- ●会費：○○○○円
　　　　（料理、飲み放題込み）
- ●幹事：○○部△△△△（内線：xxxx）
===

皆様のご参加をお待ちしております。
なお、準備の都合上、出欠のご返事を○月×日（金）までにいただければ幸いです。

✉ 納期遅延・品違い・不良品のお詫びのメール

件名：○○○（品名）納期遅延についてのお詫び

いつも大変お世話になっております。
○○○○社□□部の△△でございます。

※このたび、ご注文いただきました○○（品名）につきまして
ご指定の納期に遅れましたことを心からお詫び申し上げます。

担当者の事務処理のミスで発送の手配に予定以上の時間がかかって
しまったことが原因と判明いたしました。

このたびは大変ご迷惑をおかけいたしました。
今後はこのような不手際がないようにチェック体制を強化
して、万全の体制を整える所存でございます。

今後とも変わらぬご愛顧をたまわりますよう、
よろしくお願い申し上げます。

●**間違い・不良品の場合は※以下の2行を次のような文と差し換え**

お届けしたものに間違い（不良品）がありましたことを
心からお詫び申し上げます。

問い合わせのメール

件名：□□□についてのお問い合わせ

いつも大変お世話になっております。
〇〇〇〇社□□部の△△です。

〇月□日付けでお送りいたしました□□□ですが
その後、いかがなりましたでしょうか。
(または　ご検討の結果はいかがでしょうか。)

ご不明な点やご不満な点などがございましたら何なりと
お申しつけください。

できるだけご要望にそえますよう努力いたします。
ご返事をお待ちしております。

　この例は見積書、企画書、提案書などに対する評価を問い合わせるメールです。見積書の場合は最後は次のように書くといいでしょう。

ご注文をお待ちいたしております。

📧 断りのメール

件名：商品□□□の値引きについて

いつも大変お世話になっております。
〇〇〇〇社□□部の△△です。

このたびは弊社の□□□□をご注文いただき
誠にありがとうございました。

商品の一律〇パーセントの値引きの件ですが
社内で前向きに検討いたしました。
しかしながら、ご満足いただける品質を維持
するためには現行価格が精一杯のところです。

どうか事情をご理解のうえ、ご了承たまわり
ますようお願い申し上げます。

「値引き」を断るメールです。他の「要望」や「提案」に対しても、この例文を少し書き換えるだけで活用できます。

📧 年末のあいさつメール

件名：年末のごあいさつ

いつも大変お世話になっております。
○○○○社の□□です。

今年も残すところ、あとわずかとなりました。
○○様には大変お世話になりました。
心より感謝いたします。

弊社は12月の○日で仕事納めになります。
新年は1月○日から営業を開始いたします。

来年も、どうかよろしくお願いいたします。
それでは、よいお年をお迎えください。

　年末の最後に送るメールです。○○様と相手の名前を入れると、相手に気持ちがより伝わります。

✉ メールの冒頭に書く季節のフレーズ

■年始のあいさつ

> 明ましておめでとうございます。
> 旧年中は大変お世話になり、ありがとうございました。
> 今年もどうかよろしくお願い申し上げます。

　年始に初めてメールを送るときのあいさつです。この後、用件に入ります。

■暑中見舞い、残暑見舞い

> 暑中お見舞い申し上げます。
> （本文）
> 暑い日が続いておりますので
> お体を大切にお過ごしください。

> 残暑お見舞い申し上げます。
> （本文）
> まだまだ暑い日が続いておりますので
> ご自愛ください。

　夏の暑いときや残暑のときにメールを送る場合のあいさつです。「書き出し」と「結び」のセットで使い、その間に本文を書きます。「自愛」は、「ご自身の健康に気をつけてください」という意味です。

付録2

よく使うメールのフレーズ集

📧 書き出しのフレーズ

- (いつも大変) お世話になっております。
- お疲れさま (様) です。
- ごぶさたしております。
- たびたび失礼します。
- はじめてメールをお送りいたします。

📧 返答のフレーズ

- メールを拝見いたしました。
- ○○○の件、承知 (了解) しました。
- 本日、確かに受領 (拝受) いたしました。
- ○○○について、ご返答 (お答え・ご説明) いたします。
- この件につきましては、○月□日までにご回答いたします。
- □日までに、ご返事をすればよろしいでしょうか。
- 詳細については、あらためてご返事いたします。
- (進展などがありましたら、) またご連絡いたします。

📧 連絡・案内・相談・質問のフレーズ

- ○○○について、ご案内 (連絡・報告) いたします。
- ○○○を添付ファイルでお送りいたします (Word文書)。
- ○○○の件で、ご相談 (質問) があります。

📧 確認・検討・打診・依頼・催促のフレーズ

- ○○○について、ご確認 (検討) ください。
- お手数ですが、○○○の受け取り確認のメールを
  いただければ幸いです。

- ご査収のほどよろしくお願いいたします。
- ご都合のいい日時をお知らせください。
- ご多用のところ恐縮ですが、○○○いただければ幸いです。
- ○○○については、いかがいたしましょうか。
- ○○○でよろしいでしょうか。
- 誠に恐れ入りますが、○月□日（△曜）までに
  ご○○○をいただきたくお願い申し上げます。
- ご理解とご協力のほどお願い申し上げます。
- □日付けのメールは届いておりますでしょうか。
- 状況をお知らせいただければ幸いです。

承諾・辞退のフレーズ

- ○○○については、問題（異存）ありません。
- ○○○の件ですが、お引き受けいたします。
- ○○○については、難しい状況です。
- 誠に残念ですが、今回は見送らせていただきたいと存じます。

感謝のフレーズ

- ご連絡（メール）ありがとうございました。
- さっそくのご返事ありがとうございました。
- ○○○をお送りくださり、ありがとうございました。
- ○○○くださいまして、感謝申し上げます。
- いつも○○○いただき誠にありがとうございます。

お詫びのフレーズ

- ○○○して、失礼いたしました。

- 大変申し訳ございません。
- 大変ご迷惑をおかけして誠に申し訳ございません。
- 誠に申し訳なく、心よりお詫び申し上げます。
- 今後、二度とこのようなことのないように厳重に注意いたします。
- ご要望（期待）にそえず、申し訳ございません。

✉ 返信不要のフレーズ

- なお、ご返信は不要（無用）です。
- ご確認いただければ、ご返事は無用です。
- とくに問題がなければ、ご返信にはおよびません。

✉ 結びのフレーズ

- （どうぞ／以上）よろしくお願いいたします。
- それでは、失礼いたします。
- では、また（あらためて）ご連絡いたします。
- ご返事（回答）をお待ちしております。
- お手数ですが、（至急）ご返事をいただければ幸いです。
- ご多用のところ恐縮ですが、ご返答いただければ幸いです。
- ご不明な点（質問）などがありましたら、お問い合わせください。
- ご検討のほど、よろしくお願い申し上げます。
- ご意見、ご感想をいただければ幸いです。
- まずは、ご案内（報告）まで。
- まずは、用件のみにて失礼いたします。
- まずは、お礼かたがたご報告申し上げます。
- まずは、受け取りの確認とお礼まで。

おわりに

　本書を読んだことで、仕事でやりとりするメールに関する読者のみなさんの疑問、不安、悩み、困ったことはスッキリと解消したでしょうか？

　ビジネスでは、メールのほかに企画書、報告書、手紙、プレゼンテーション資料などいろいろな文章を書く場合があります。しかし、メールは手軽で文章が簡略なだけに特別に注意が必要です。自己中心的で感情的になりがちなので、それを避けなくてはいけません。そのために本書で一番伝えたかったのが次の点です。

　視点を「私」から「あなた」に変えて、相手の立場に立って書く

　そして、基本の構造パターンとフレーズを覚えて書けばだれが読んでも「読みやすく、わかりやすく、伝わりやすいメール」になります。読者の好感度と信頼度が上がる効果的なメールを書くことができるでしょう。

　ところで、ものごとのルールやマナーは普遍的なものと、時代によって変わるものがあります。昔の常識は、今の非常識になることもあります。メールについても例外ではありません。ここ数年で、とくに変わったと思うものを３つあげます。

　①宛先の表示名に「様」をつける
　②メッセージの全文を引用する
　③添付ファイルのサイズは２Ｍバイトまでが適当

①については、COLUMN 1にも書きましたが、『日経パソコン2009年6/22号』（日経BP社）のアンケート調査では61.7％が「様」をつけると答えています。表示名に「様つき」が増えています。

　②については、以前は全文引用はほとんどありませんでしたが、最近はかなり増えています。同じ調査では、「全文引用が適切・どちらかといえば適切」と答えた人は58.2％。

　③については、以前は1Mバイト以下が適当でした。同じ調査では「1Mバイトまでが適当」は29.5％、「2Mバイトまでが適当」は23.6％で、合計で53.1％と半数以上。

　①は、メーカーや保険・金融関係などの企業から他の企業に広がってきたと思われます。②と③は、ブロードバンド（高速大容量通信）が広く普及したことにより、常識が変わったものです。

　こうした「現代の常識」もふまえて、ビジネスのメール全般に通じる「文章力・発信力・返信力の基本」について書きました。これをもとにみなさん自身でさらにアレンジして、より良いメール・コミュニケーションに発展させていくことを心より願っています。

参考文献

- 『日経パソコン　2009年6月22日号「特集1 ビジネスメールの作法」』（日経BP社）
- 『メールは1分で返しなさい！』（神垣あゆみ／フォレスト出版）
- 『「たった1行」で思いどおりに仕事を動かすメールの書き方・返し方』（芦屋広太＋ネクストエデュケーションシンク／インプレスジャパン）
- 『誰も教えてくれなかったビジネスメールの書き方・送り方』（平野友朗／あさ出版）

Special Thanks

　今回、この本を執筆するにあたり、「メールについての疑問や悩み」をインターネットなどで募集しました。

　以下に、お礼の意を込めて、意見をお寄せいただいた方のお名前（ハンドルネームも含む）を順不同で掲載いたします。

　誠にありがとうございました。

tom さん

塩ハラミさん

タマちゃんさん

ミツイホノカさん

トレイルランナーさん

nakaneko さん

美希茶さん

くまさん

廣畑達也さん

めーやんさん

くちやまだともさん

高橋桐矢さん

馬場じむこさん

さいとうあずみさん

中田舞子さん

Bermuda さん

むっしーさん

こばやしさん

konchan94 さん

伏見学さん

溝井レナさん

多読書評ブロガー石井さん

藤田英時（ふじた　えいじ）

コンピュータ、インターネット、英語の分野を得意とするジャーナリスト、ライター。電子メール歴は1980年代後半のパソコン通信サービスから数えて20数年。米国ベイラー大学でコミュニケーションを専攻後、西南学院大学文学部外国語学科英語専攻卒業。PR専門会社、パソコンソフト会社勤務を経て独立。翻訳出版、書籍編集・執筆、マニュアル制作、プログラム開発、技術サポートや大学でウェブサイト・メールを利用した情報処理の指導など幅広く活躍。『はじめよう！ インターネットと電子メール』（電波新聞社）、『最新インターネット用語 語源で納得！』（ナツメ社）の他、関連書籍は110冊を超える。

メール文章力の基本

2010年6月1日　初版発行
2012年4月1日　第10刷発行

著　者　藤田英時　©E.Fujita 2010
発行者　杉本淳一

発行所　株式会社 日本実業出版社
東京都文京区本郷3-2-12 〒113-0033
大阪市北区西天満6-8-1 〒530-0047

編集部　☎03-3814-5651
営業部　☎03-3814-5161
振　替　00170-1-25349
http://www.njg.co.jp/

印刷・製本／図書印刷

この本の内容についてのお問合せは、書面かFAX（03-3818-2723）にてお願い致します。
落丁・乱丁本は、送料小社負担にて、お取り替え致します。

ISBN 978-4-534-04716-8　Printed in JAPAN

仕事の基本を身につける本

下記の価格は消費税（5%）を含む金額です。

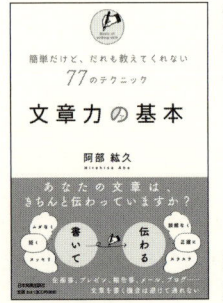

簡単だけど、だれも教えてくれない77のテクニック
文章力の基本

阿部紘久著
定価 1365円（税込）

「ムダなく、短く、スッキリ」書いて、「誤解なく、正確に、スラスラ」伝わる文章力77のテクニック。多くの文章指導により蓄積された豊富な事例をもとにした「例文→改善案」を用いながら、難しい文法用語を使わずに解説。即効性のある実践的な内容。

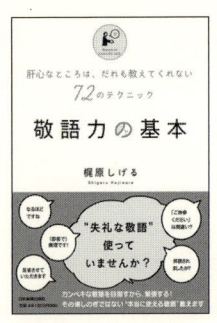

肝心なところは、だれも教えてくれない72のテクニック
敬語力の基本

梶原しげる著
定価 1365円（税込）

"失礼な敬語"、使っていませんか？ 敬語を使うそもそもの理由から、覚えておきたい定番フレーズ、つい言ってしまう誤用、気になる言葉遣い、場面と状況に応じた敬語の「ビミョー」な使い分けまでを、いい例と悪い例を比較しながら解説します。

人に好かれる
ものの言い方・伝え方のルールとマナー

古谷治子監修
定価 1260円（税込）

「思っていることをうまく伝えられない」「こんなときはどう言えばいいの？」ビジネスには必須の会話のルールとマナーをやさしく紹介。コミュニケーションをスムーズにし、あなたの印象もアップさせるための"ちょっとしたコツと言い回し"を数多く紹介。

定価変更の場合はご了承ください。